英语教学模式改革与创新发展研究

赵 颖◎著

吉林出版集团股份有限公司
全国百佳图书出版单位

图书在版编目（CIP）数据

英语教学模式改革与创新发展研究 / 赵颖著. -- 长春：吉林出版集团股份有限公司，2023.5

ISBN 978-7-5731-3314-4

Ⅰ．①英… Ⅱ．①赵… Ⅲ．①英语－教学研究－高等学校 Ⅳ．①H319.3

中国国家版本馆CIP数据核字(2023)第080241号

YINGYU JIAOXUE MOSHI GAIGE YU CHUANGXIN FAZHAN YANJIU

英语教学模式改革与创新发展研究

著　者	赵　颖
责任编辑	田　璐
装帧设计	朱秋丽
出　版	吉林出版集团股份有限公司
发　行	吉林出版集团青少年书刊发行有限公司
地　址	吉林省长春市福祉大路 5788 号
电　话	0431-81629808
印　刷	北京昌联印刷有限公司
版　次	2023 年 5 月第 1 版
印　次	2023 年 5 月第 1 次印刷
开　本	787 mm×1092 mm　1/16
印　张	10.5
字　数	233千字
书　号	ISBN 978-7-5731-3314-4
定　价	76.00元

前　言

　　大学英语教学在几十年的发展过程中取得了巨大的成就，培养了大批具有专业水准的精通外语的复合型人才，为我国的改革开放和对外交流做出了重大贡献。中国随着经济的飞速发展，与世界其他各国的交流愿望更加迫切，社会对大学生的英语应用能力提出了更高的要求。目前，我国的大学英语教学正处于一个新的起点，既要总结过去国内英语教学的成功经验，又要探索如何更好地贯彻素质教育的精神，还要探究如何同国外外语教学接轨，使我们培养的人才在国际交流中更顺利、更出色地完成任务。教育部、外语学术界及各大高校对此都高度重视，新一轮的大学英语教育教学改革也成为众多教育家和学子的共识。

　　大学英语教学模式课程以建构主义理论、人本主义学习理论和后现代主义教学观为理论指导，以"问题解决型""任务型"教学法和抛锚式教学模式为主要教学方法，以培养学生听、说、读、写、译英语综合应用能力和研究能力为主要目标；强调以学生为学习主体，在教师的引导下，借助计算机网络技术，以小组合作的学习形式进行个性化、自主式的研究；在实践中锻炼和提高学生的英语综合运用能力、自主学习能力、研究能力以及综合文化素养，力求达到《大学英语课程教学要求》中的要求。大学英语研究型课程的建设和发展是对传统大学英语课程的必要补充和拓展，其"研究型"的理念融进了整个课程体系各课程建设的始终。

　　由于水平有限，加之时间仓促，本书难免有疏漏和不足之处，敬请广大大学英语教学工作者和专家提出宝贵意见。

目　录

第一章　高校英语教育教学理论基础

第一节　高校英语教学的基本原则

※ 一、交际性原则

语言是交际的工具，人们主要通过语言来交流思想、传递信息。交际是在特定语境中说话者和听话者、作者和读者之间的意义转换。由此定义，我们可以得出以下几点启示：（1）交际包括口语和书面语两种交际形式；（2）交际总是发生在一定的语境之中；（3）交际需要两个以上的人参与并产生互动。

学习英语的首要目的就是使用英语进行交际，而英语教学的首要目标就在于培养学生的交际能力。交际能力的核心就是能够运用所学的语言知识在不同的场合下与不同的对象进行有效的得体的交际。因此，我们在英语教学中首先要贯彻交际性的原则，使学生能用所学的英语与人交流，要在教学过程中努力做到以下几点。

（一）充分认识英语课程的性质

英语课首先是一种技能培养型的课程，要把语言作为一种交际的工具来教、来学、来使用，而不是把教会学生一套语法规则和零碎的词语用法作为语言教学的最终目标，要使学生能用所学的语言与人交流，获取信息。在教学过程中，教、学、用三个方面构成一个有机的相辅相成的统一体，其中的核心在于使用。因此，教师转变以往陈旧的教学观念，认清课程的性质，是落实交际性原则首先需要解决的问题。

（二）创设情境，开展多种形式的丰富多彩的交际活动

语言是交际的工具，而交际的发生总是处于特定的情境之中。情境包括时间、地点、参与者、交际方式、谈论的题目等要素。在某一特定的情境中，讲话者所处的时间、地点以及本人的身份都制约他们说话的内容、语气等。因此，在基础英语教学中，要使教学的内容置于一种有意义的情境之中。而且，在一定的情境之下学习英语，可以使学生身临其境，提高学习英语的兴趣。因此，英语教学活动要充分考虑交际性的特点，结合教材内容，尽量利用各种教具，创设与学生生活密切相关的各种情境，进行真实或逼真的英语交际训练活动，这样不仅使学生学有兴趣、学有成效，而且能够做到学用结合。

（三）注意培养学生语言使用的得体性

英语教学的首要目标在于培养学生进行有效交际的能力，传统的英语教学只偏重语法结构的正确性，而根据交际性原则，学生要具备良好的交际能力，需要能够在适当的时间、适当的地点，以适当的方式，向适当的人，讲适当的话。这一点与上面一点密切相关，创设情境，开展多样的交际活动，如课堂游戏、讲故事、猜谜语、编对话、角色扮演、话剧表演、专题讨论或者辩论等，都有助于学生在创设的情境中充分表现自己，从而掌握地道的语言。

（四）精讲多练

英语课堂的工作不外乎"讲"和"练"两种：前者是指讲授语言知识，后者是进行语言训练。在课堂上，适当地讲授一些语言知识是必要的，可以提高学习的效果。就如同学习游泳一样，在下水之前，教师讲解一些注意事项、游泳的动作要领，可以有助于提高学生在水里训练的效果。但是，英语首先是一种技能，技能只有通过实际训练才能获得。因此，教师必须清楚，讲解的目的在于帮助学生更好地训练。在语言训练的过程中要针对学生的具体问题给以"画龙点睛"式的点拨。这不仅有利于学生语言交际能力的培养，还有助于学生养成良好的学习与思维习惯。在进行必要的讲解之后，要给学生留出足够的训练时间。

（五）注重教学内容与教学活动的真实性，贴近学生的生活

语言与现实生活密切相关，教学活动的设计与教学内容的选择一定要考虑这一因素。在英语教学中，要把语言和学生所关心的话题结合起来，要给学生足够的、内容丰富的、题材广泛的、贴近学生生活的信息材料。另外，教学内容的真实性还要求教材的语言和教师的语言是真实的，也就是说教材的语言和教师的语言应该是英语本族人在交际过程中所使用的语言，而不是专为教学而编写出来的。

※ 二、兴趣性原则

我国古代教育家孔子把学习分为三个不同的层次，即知学、好学和乐学，并认为"知之者不如好之者，好之者不如乐之者"。兴趣是最好的老师，是推动学生学习英语的最强有力的动力。学习兴趣是学生积极探求事物并带有感情色彩的认识倾向。它可以使学生在学习活动中变得积极主动，从而获得更好的学习效果。周娟芬指出，学习兴趣有定向功能、动力功能、支持功能和偏倾功能。（1）定向功能。学习兴趣作为影响学习过程的一种非智力因素，其作用是最为明显的，也是最为持久的，它往往决定着学生的进取方向，为学生一生的事业奠定基础。（2）动力功能。学习兴趣与人的情感活动密切相关，可以直接转化为学习的动力。当学生对英语学习具有浓厚的兴趣时，学习就不再是一种负担，而是一种乐趣。（3）支持功能。英语学习是一个漫长而又复杂的学习过程，伴随着许多的困难与挫折，

学习兴趣在于克服困难、战胜挫折、保持旺盛的精力，对学习起着支持的作用。（4）偏倾功能。人们往往从自己的兴趣出发去审视事物。表现在英语学习上，就是每个学生的兴趣不同，他们学习的侧重点也就有所不同。有的学生对记忆单词特别感兴趣，有的学生特别喜欢阅读英语文章，还有的学生特别喜欢用英语写点东西。对于这些侧重点的差异，教师需要因势利导，在学生原有侧重点的基础上，将其引导到全面正确的轨道上来。为了激发和培养学生学习英语的兴趣，我们应该做到以下几点：

1. 充分了解学生的生理与心理特点，尊重学生的主体性

学生是学习的主体，是整个学习过程的核心承载者。基础英语教学要从学生的心理和生理特点出发，改变传统的学习方式，让学生通过体验和实践进行学习。传统的语言学习方式强调学生在初级阶段要学好音标、学好语法，记忆一定量的词汇。英语课程必须从学生的心理和生理特点出发，遵循语言学习规律，从改变学生的学习方式入手，通过听做、说唱、玩演、读写和视听等多种活动方式，达到培养兴趣、形成语感和提高交流能力的目的，尤其是在学习的初级阶段更要如此。

2. 防止过于强调死记硬背、机械操练的教学倾向

英语学习需要一定的死记硬背和机械操练的活动。过多的机械性操练很容易导致课堂教学的死板与乏味，容易使学生失去或者降低学习英语的兴趣。为此，应该重视科学地设计教学过程，努力创设知识内容、技能实践和学习策略，以营造启动学生思维的教学环境，帮助学生通过各种渠道获取知识，加速知识的内化过程，使他们能够在听、说、读、写等语言交际实践中灵活运用语言知识，变语言知识为英语交际的工具。这样，学生在获得交际能力的同时，综合素质也会得到相应的提高，学生的学习兴趣才会得到巩固与加强。

3. 挖掘教材，激情引趣

教材是英语教学的核心，教师要想最大限度地调动学生的积极性，就要在备课时认真地研究教材，挖掘教材中的兴趣点，使每节课都有新鲜感，都有让学生感兴趣的内容和活动。

4. 善于发现学生的进步，多鼓励表扬，培养学生的自信心和成就感

对于学生来说，学习兴趣的保持在很大程度上取决于学习的效果，取决于他们能否获得成就感。因此，教师要通过多种激励的方式，如奖品激励、任务激励、荣誉激励、信任激励和情感激励等，激发学生积极参与、大胆实践、体验成功的喜悦。

5. 注意发现和收集学生感兴趣的问题，把这些问题作为设计教学活动的素材

例如，在教数字时，有一个教师请学生收集自己家里所有的数字，学生除了收集家里的电话号码、邮编、自行车牌照、汽车牌照等之外，还收集了全家人穿的鞋子的尺码、衣服的尺码、父母的身高、家里的藏书数目、自己的零用钱等。这样，一节枯燥的数字课上得热闹非凡，笑声不断。还有的教师为了讲授英文字母，自己编排了英语字母体操。

6. 增强教师与学生之间的交流

一个班级的学生来自不同的家庭与环境，教师要平等地对待每一个学生，对学生充满爱心，通过各种形式与学生进行交流，真心地与学生交朋友，用自己对工作、对学生的热爱去影响学生，而且教师要活泼，富有幽默感，懂得学生的尊重与喜欢。实践表明，一个学生对某一门课程的喜欢与否，往往取决于他（她）对于该授课教师的态度。另外，教师还要寓思想教育于教学之中，结合英语教学培养学生的道德情感和对英语学习的热情，创造和谐、宽松的课堂气氛，注意保护学生的自尊心。好的情绪转到学习中就会变为一种兴趣和动力。教师在严格要求学生的同时，还要给学生创造一种和谐的学习氛围，通过一个眼神、一个手势、一个微笑或一句赞许的话去影响学生。

7. 改变传统的英语测试方式

应试教育是学习兴趣的最大杀手。基础英语课程的评价应以形成性评价为主，采用学生平时教学活动中常见的方式，重视学生的态度、参与的积极性、努力的程度、交流的能力以及合作的精神等。除形成性评价外，小学高年级期末或学年考试可采用口试与笔试相结合的方式：口试主要考查学生实际的语言应用能力，笔试主要考查学生听和读的技能以及初步的写作能力。评价可采用等级制或达标方法记成绩，不应对学生按成绩排队或以此作为各种评比或选拔的依据。

8. 不要过分强调跳跳唱唱的作用

这一点主要是针对低年级英语现状而言的。低年级英语教学要充分考虑儿童的心理特点，培养学生学习英语的兴趣，使学生能够在轻松活泼的气氛中学到英语。因此，低年级英语教师创造了丰富多彩、形式多样的教学活动，如唱英语歌曲、学英语儿歌、跳舞等，这些都起到了很好的教学效果。但是在采取这些教学活动的同时，我们也应该注意以下两点：

（1）英语教学的目的在于提高学生综合运用英语的能力，跳跳唱唱只是手段，而不是目的。不能在英语教学中为了唱歌而学唱歌，为了表演而学表演。一名好的英语教师应该从学生的实际情况和提高学生综合运用英语能力的目标出发，而不是千篇一律地照搬照抄。英语教学应该注意实效，不要过多地搞一些形式化的东西。检验英语教学成果的最终指标还是看学生的英语语言能力，而不是看学生会唱多少英语歌曲，会不会用英语表演节目。

（2）英语学习是一个漫长的过程，是逐步掌握英语知识和技能，提高语言实际运用能力的过程；又是他们磨砺意志、陶冶情操、拓宽视野、丰富生活经历、开发思维能力、发展个性和提高人文素养的过程。我们既要防止不顾学生的心理特点，机械地套用成人的英语教学方法，只注重教师的讲解，而不注意学生的积极参与，会使学生失去学习英语的兴趣；又要防止过分强调学生兴趣的培养，不注重对学生进行学习意志与毅力的锻炼与培养，使英语教学流于形式，从而导致"英语课堂热热闹闹，学生英语水平提高不了"的状况。在英语学习的初期，跳跳唱唱的教学活动可以起到一定的作用，但是随着学习的进展和学生英语水平的提高，跳跳唱唱所能体现的教学内容的局限性就会逐渐暴露出来，过分强调跳跳唱唱的作用很容易导致有意识地降低教学难度，延缓学生英语水平提高的进程。

※ 三、灵活性原则

灵活是兴趣之源，灵活性原则是兴趣性原则的有力保障。语言是生活的一个必要的组成部分，是一个充满活力、不断发展的开放性系统。语言本身的性质以及学生的自身特点要求我们在英语教学中要遵循灵活性的原则，要在教学方法、语言学习和语言使用方面做到灵活多样，富有情趣。

（一）教学方法的灵活性

在英语教学史上曾经出现了许多种不同的教学方法和流派，如语法翻译教学法、视听教学法、交际教学法等，每种方法都有其自身的优势与不足，教师应该兼收并蓄、集各家所长，切忌拘泥于某一种所谓流行的教学方法。英语教学包括语言知识和语言技能两个方面：语言知识包括语音、词汇、语法等内容，不同的语音、不同的词汇、不同的语法项目都具有不同的特点；语言技能包括听、说、读、写四个方面，其中又包括许多微技能。而学习者的个体差异也是千差万别的。因此，在英语教学过程中要综合学生、教学内容以及教师自身的特点，创造性地开展多种多样的教学活动，充分体现教学方法的多样性和创新性，使英语课堂新鲜有趣，从而激发学生学习英语的热情，挖掘学生的潜能。教学的内容也要体现多样性的原则，不光要教英语，还要教学习方法，结合英语教学来教学生。

（二）学习的灵活性

教学方法和教学内容的灵活性可以有效地带动英语学习的灵活性。要努力改变以往单纯地死记硬背的机械性学习方法，帮助学生探索合乎英语语言学习规律和符合学生生理、心理特点的自主性学习模式，使学生能够自我导向、自我激励、自我监控，使静态与动态结合、基本功操练与自由练习结合、单项和综合练习结合。通过大量的实践，使学生具有良好的语音、语调、书写和拼读的基础，并能用英语表情达意，开展简单的交流活动，开发听、说、读、写综合运用语言的能力。

（三）语言使用的灵活性

英语学习的关键在于使用，教师要通过自身灵活地使用英语来带动和影响学生使用英语。教师应尽可能多地用英语组织教学、用英语讲解、用英语提问、用英语布置作业等，使学生感到他们所学的英语是活的语言。英语教学的过程不应只是学生听讲和做笔记的过程，而应是学生积极参与，运用英语来实现目标、达成愿望、体验成功、感受快乐的有意义交际活动的过程。另外，教师还可以通过灵活性的作业使学生灵活地使用英语，作业的布置应侧重实践能力，如可以让学生录制口头作业，让学生轮流运用英语进行值日报告，陈述和评议时事、新闻等。

※ 四、宽严结合的原则

所谓的"宽"与"严"，是指如何对待学生在学习过程中出现的语言错误，也就是如何处理准确和流利之间的关系。外语学习是一个漫长的内化过程，学生从开始只懂母语，一直到最后掌握一种新的语言系统，需要经过许多不同的阶段。从中介语的观点来看，在各个阶段，学生所使用的语言是一种过渡性语言，它既不是母语的翻译，也不是将来要学好的目标语。这种过渡语免不了会有很多的错误。传统的分类方法将错误分为语法、词汇和语言错误。语法错误又被进一步分为冠词、时态、语态错误等。这种分类方法，主要基于语言形式，而忽视了语言的交际使用。对各种错误的分析，是第二语言习得研究的重要课题，因为通过对这些错误的分析，可以发现学生的学习策略，其实这些策略也正是学生产生这些错误的原因。第一个原因就是迁移。需要说明的是，许多人都想当然地认为迁移是外语学习者产生错误的主要原因，但是许多研究表明，由母语干扰所造成的错误在所有错误中所占的比例并不高。第二个原因是过度概括。学习者根据他们所学的语言结构做出概括，然后去创造一些错误的结构。

对待错误，有两种极端的做法是不可取的。一种是把语言错误看得非常严重，"有错必纠"。这些人的理由是学生正处在英语学习的初期，一定要学到正确的东西；如果对学生的语言错误听之任之，一旦养成习惯就很难改过来了。结果在学生讲英语时，教师往往会抓住学生的错误不放。这样很容易挫伤学生学习英语的积极性，他们十分害怕犯错误，久而久之就不敢开口讲话了。另一种极端的看法是对学生的语言错误视而不见。这些人的理由是熟能生巧，只要多说就能慢慢自我克服这些错误。这类教师强调的是学生语言的流利程度，结果导致学生毫不注意语言的准确性。

语言错误是学习英语过程中的必经阶段。出错—无意识错误—出错—意识错误—出错—自我纠正错误，是大多数英语学习者的必经之路，没有这个过程就不可能达到流利的程度。因此，要鼓励学生不怕出错，而且要耐心地倾听学生"支离破碎"的英语，并给予纠正指导。一方面教师要坚持用正确的语言熏陶学生；另一方面，当学生的语言错误影响到信息的传递时，要在鼓励的前提下进行必要的纠正，从而保证以后学生使用英语的准确性。也就是说，在英语教学中，教师应该采取宽严结合的方法；当以交流为目的时，对学生的语言错误采取宽容的态度；当以语法学习为目的时，则采取严格的态度。这样宽严结合，既保证了学生具有扎实的语言基础，又有利于鼓励学生大胆地使用英语。

宽严结合的原则实际上就是要正确处理准确和流利之间的关系。"没有准确，流利就失去了基础"这句话是对的，但是这种说法只是强调了准确的重要性，正确的态度应该是"既要强调准确性，又要重视流利程度"。我们可以区分两种情况：对于初学者，不要过分纠正其语言中的错误，而要更多地鼓励他们使用英语进行交际；对于中等以上的学习者，可以适当地纠正其语言中的偏差，但是要以不打击他们的学习积极性为前提。换句话说，越到高年级，越要强调准确性。此外，在写作文或在课堂上演讲时，则应该强调准确性。

※ 五、输入输出原则

"输入"是指学生通过听和读接触英语语言材料，"输出"是指学生通过说和写来进行表达。心理语言学研究表明，输出建立在输入的基础之上；在此意义上，输入是第一性的，输出是第二性的。首先，在人们学习英语的过程中，能理解的总是比能表达的要多。换而言之，人们所能听懂的，永远比能说的要多；而所能读懂的，又比所能写的多。我们能欣赏小说、散文和诗歌等优秀的文学作品，但我们自己并不一定能写出来。其次，语言输入的量越大，语言输出的能力就越强。也就是说，我们听的东西越多，我们读的东西就越多，我们的表达能力也会越强。克拉申认为有效的语言输入应具备以下三个方面的特点：第一个特点是可理解性。他认为，如果学生不能理解所输入的语言，那么这些输入无异于噪声，是不能被接受的。第二个特点是趣味性或恰当性。所输入的语言材料还要使学习者感兴趣。要使学生对语言输入感兴趣，最好是使他们意识不到自己是在学外语，而是把其注意力放在学外语的意义上。第三个特点是足够的输入量。目前的外语教学严重地低估了语言的输入量的重要性。要习得一个新句型单靠做几个练习甚至读几段语言材料是远远不够的，还需要数小时的泛读以及许多的讨论才能完成。教师在教学过程中应该注意以下几点。

（一）尽可能多地让学生接触英语

要通过视、听、读等手段，多给学生可理解的语言输入，如声像材料的示范、贴近学生日常生活和学习、适合学生的英语水平、具有时代特色的读物等。另外，学生学习的内容不要局限在课本之内，教师应该打破课内外的界限，帮助学生扩大语言接触面。

（二）输入内容和输入形式的多样化

学生接触的英语既要有声的，又要有图像的，还要有文字的，而且语言的题材和体裁以及内容要广泛，来源多样化。比如在日常生活中，尤其是在大中城市中，每天都会接触许多英语，比如文具、衣服、道路标志、电器等上面就有许多英语。如果我们能利用这些，学生就能轻轻松松地学到英语知识。另外，我们还要注意根据上述语言输入的分类，尽可能地为学生提供多种形式的输入。

（三）提高接触语言的频度

学习语言，接触语言的频度比长度更重要。因此，《义务教育英语课程标准（2022年版）》在教学建议部分指出，"英语课程从三年级起开设，为保证教学质量和教学效果，三至六年级英语课程应遵循长短课时结合，高频率的原则，每周不少于四次教学活动。三、四年级以短课时为主，五、六年级则长短课时结合，长课时不低于两课时"。

（四）首先强调学生的理解能力

只要学生能理解的，就可以让他们听，让他们读；还可以只要求学生理解，而不必立刻要求他们用说或写的方式来表达。就教学目标而言，对语言技能应该有全面的要求，但是从教学的方法来看，应该先输入、后输出。

（五）提供的语言材料的要求

为学生提供的语言材料要符合学生的实际情况，要符合可理解性和趣味性与恰当性的要求。当然，仅仅依靠语言的输入是不可能掌握英语，形成综合运用英语的能力的，还需要通过口头和笔头的表达来检验和促进语言的输入。在增加可理解的语言输入的同时，在理解的基础上不断进行有效的实践活动。这些实践活动在基础英语教学中包括一定的模仿练习。学习语言的确需要模仿，问题的关键在于如何模仿和模仿什么。如果只是机械地模仿，只注意语言的形式，那并不能保证学习者能在生活中真正地使用语言。比如只是要求学生注意语音、语调的准确，只要求死记硬背句型结构，而没有使学生真正了解这些句型结构所表达的含义，学生并不能在课外使用。模仿最好是模拟生活中的真实情景，注意语言结构所表达的内容，这种模仿才是有效的。尤其是在结对练习、小组练习的时候，让学生根据实际情况使用所学习的语言，他们才能把声音和语言的意义结合起来。外语教学的研究人员还提出，不仅要有"可理解的输入"，还要有"可理解的输出"。

第二节　高校英语教学的目标

※ 一、帮助学生理解英语

"教师使学生懂英语"这个过程仍然是一个使能过程，但不是使学生掌握技能和学习本领——像开车或修理机器一样，而是使学生动脑筋，学习语言知识。学生的学习过程不是一个行为过程，而是一个心理过程，教学的中心仍然是学生。

在这个过程中，学生是中心，是关键的参与者，而教师只是帮助者和使能者，与第三种情况相同。教师的任务是提供学生所需要的一定量的知识。这里需要考虑的是"知识"一词。在此，"知识"纯粹是有关语言的特点和运用的知识。它既表示学习英语意味着学会有关语言的知识，也表示学会说这种语言。这两种解释实际上代表了两种不同的教学模式。从第一种模式的角度来讲，学习知识可以只让学生理解和记忆即可，而不必让学生去进行实际的操练和实践，其重点是心理活动。从第二种模式的角度来讲，学生不仅要理解和记忆所学的知识，还要学会实际的语言运用技能，学会把所学的知识运用到实际语言交际中去。同时，还要学会在一定的文化语境中，即在目标语文化中，从事所要进行的交际活动和学会语言要完成的交际功能，以及所要运用的语言知识。这样，教学的目标可以有两种：使学生学会有关语言的知识和使学生会讲这种语言。

※ 二、教师帮助学生学会英语

"教师使学生学英语"，在这一教学过程中，学生学习英语，教师帮助他们达到目的。学生是行为者，是教学的中心。教师是使能者，可以采用各种各样的手段来帮助学生学习英语，如可使用各种各样的现代化技术和设备来帮助学生学习。

这种教学模式距离我们现代教师对教学的认识十分接近。教师首先考虑的是学生，而他们自己的角色就是指导和帮助学生。但现在我们没有考虑的是学生的任务是什么性质的，是什么样子的，只是想当然地认为学生如何学习。也就是说，对教学目标没有很好地进行限定。从教学方法和程序上讲，教师把教学的主体变成学生，教师的角色只是帮助学生达到学习目的，应该说这是一个很大的进步。但这个过程所提供的是一种方法，并没有提供教什么。我们可以让学生自己去学，由被动变主动来考虑学什么和达到什么目标的问题：这个教学过程的目标是使学生学会英语。

以上所讲都是物质层面的过程，也就是说，教学的过程被看作一种行为和动作，是做事情，是完成任务等。

※ 三、给学生传授语言知识

"教师把英语传授给学生"的教学过程在此被视为一个物质交流过程。在这个交流过程中，主要的参与者是给予者和礼物，即教师和他们所教授的语言，而学生的存在是偶然的，他们只是被给予的对象。从人际交流的角度而言，教师像赠送钢笔等物品一样，把英语"给予"学生。在这种情况下，教师通常要教给学生他们自认为是"好"的英语，如"标准英语""文学英语"等。在这种交流过程中，教师处于绝对控制地位，学生则处于完全被控制的地位。所以，学生认为什么是好的英语是无关紧要的，因为他们没有发言权。教学的重点是语言，施事者是教师，学生只是受益者，接近情境成分。这似乎是传统外语教学的模式。教学的目标是教给学生自己认为是"好的"或者是"美的"英语，使学生学会标准的、高雅的英语。从方式上讲，教师在不停地教，而学生则只能不停地接受。教师通常为自己所选择的美的教学材料，或者是美的教学方式所陶醉。教师的快乐在于知道学生懂得了自己在课堂上所教授的内容并且欣赏自己的教学内容和课堂表演。

※ 四、训练学生的英语技能

"教师用英语教导学生"，从人际交流的角度而言，这一教学过程的重点仍然是教师，学生是参与者之一，但只是一个被动角色。他们的参与受外界因素的影响，受教师行为的支配，他们没有学习的主动权。但在这一过程中，教师不再是简单地像给予学生东西一样把语言传授给学生，而是使学生提高了技能，达到了教师的训练目标。从课堂内容的角度而言，在这一教学过程中，教师通常提供大量的课堂训练和练习，以及大量的考试。教学目标是使学生掌握运用语言的技能。

从教学方式上讲，教师主要是让学生大量地训练，开展许多活动，学生是这些活动的参与者和训练对象。这种教学模式既相似于传统教学法中教师主导一切的模式，也相似于模式训练法的教学模式，学生只是被训练的对象，自己没有主动权，所以难以发挥学生的主观能动性。这是一种结构主义和行为主义的教学模式。教师的任务不是主要使学生学习语言知识，而是获得语言技能。但这种技能不是实际运用语言的能力，而是一些语言模式，而且这些模式大部分是一些根据结构主义理论提炼出的语言结构模式，而不是根据情景语中的语境模式而提炼出来的语言功能模式。

※ 五、发展学生的意义潜势

"教师使学生成为讲英语的人"，在此，教学过程被看作一个关系过程。教师仍然是一个使学生能够做某件事情（讲英语）的人，但他们不仅仅是使学生能够做某件事情，而是使学生成为一个能讲目标语的人。语言被视为一个"潜势"，称为"意义潜势"。教学的目的是使学生掌握这一潜势，使学生会用语言来表达意义。这显然既包括使学生掌握有关语言的知识，也包括使学生掌握语言表达的能力，学会用所学的语言说话。

通过对以上几种教学模式进行比较分析可以发现，教学过程主要被看作一个物质过程，是一种活动，主要参与者是学生和教师。即使是心理过程，教师也是一个使学生做事情的人，是个"控制者"，而不是感受者。但在这个过程中，教师所起的作用是不同的，他们可以作为控制者和行为者，学生是目标，也就是说，学生只能被动地接受教师所传授给他们的任何他们认为重要的东西；教师也可以作为训练者、教练，让学生做一系列活动和动作；教师是指挥者和指导者，学生是活动的进行者、行为者；教师还可以是使学生做事的人，组织学生从事一系列学习活动。这几种模式有一个共同点，就是教师的作用越来越趋于向背景移动，而把主要角色让学生来承担，学生越来越成为教学活动的主角和中心。这是现代语言教学理论和方法发展的趋势。通过对以上几种教学目标的分析和比较可以发现，英语教学中的目标可以包括以下几种：

（1）帮助学生理解英语；

（2）帮助学生学会英语；

（3）给学生传授语言知识；

（4）训练学生的外语技能；

（5）发展学生的意义潜势。

但英语教学的主要目标是教授掌握外语的技能。英语知识的学习只是辅助的，有利于促进外语学习，但不能代替外语技能的训练。英语教学的较高目标模式应该是综合性的，以发展学生的意义潜势为主的目标模式，最高目标应该是培养学生的跨文化交流能力。

※ 六、跨文化交流能力的培养

随着 2004 年新教学大纲（试行）的颁布及英语教学改革的深入，培养学生交际能力的意识越来越深入人心。但我们在英语教学实践中却发现，尽管我们在培养学生听、说、读、写及言语技能方面花费了大量心血，但教学效果并不明显。严格地说，目前大学英语教学还没有突破语言知识的掌握和言语技巧训练的框架，学生所学的更多的是语言表面的知识。因此，英语教学仅仅重视言语技能的训练是不够的，还必须注重交际能力的培养。实践证明，言语技能的训练不能自然生成交际能力；交际能力的形成除了语言因素外，还有社会文化能力、语境能力、行为能力等诸多要素。因此，要想培养学生的英语交际能力，除了传授语言内容和进行言语技能训练外，还必须努力对学生进行跨文化条件下语言能力、语用能力等的专门培养和训练，以提高学生在特定的社会文化情境中的跨文化交流能力。

培养学生的跨文化交流能力是英语教学的最高目标。英语教学的过程实际上是一种文化适应的过程。一方面，它要求学生把目标语文化也就是英语文化与自身现有知识进行等值条件的转换；另一方面，它又要无条件地但又积极地理解、吸收与本国文化不同的信息。由于英语与汉语的语法差距，因此，学习英语不可避免地遇到文化差异造成的障碍和困难。为了消除这种障碍，英语教学就必须强化文化教学，即在教学过程中相应地进行英语语言文化教学。从英语教学的角度而言，教授语言知识和培养言语技能是前提，是基础，而跨文化交流能力的培养是前者的深化和提高。前者是手段，后者是目标。

第三节　高校英语教学的模式、方法与手段

2004 年，教学改革的指导性文件《大学英语课程教学要求（试行）》正式出版发行，该文件明确把教学模式的改革作为重点。我国大学英语的教学模式长期以来一直是以教师为中心的，这种教学模式与高素质的教师相结合，在特定的历史时期发挥了很好的作用，培养了大批的外语人才。但随着 21 世纪的到来以及社会发展、学校教育配套设施的完善和学生能力等各种条件的变化，特别是学生人数的增加，传统教学模式受到了极大的挑战，而与社会发展相适应的基于多媒体与网络的新的教学模式则逐步成为英语教学的更为恰当的模式，并且逐渐受到教师与学生的好评。在深入推进我国教学模式改革、切实提升学习者学习成效的进程中，如何构建科学、有效的新型教学模式一直是有待解决的重要问题，因为教学模式是在一定的教学思想或教学理论指导下建立起来的较为稳定的教学活动结构框架和活动程序，不仅反映课程设计者与实施者对待"学"与"教"的态度，还直接

影响着学习者的学习成效。近年来，国内大学英语教学改革不断推进，优化教学过程，改革和完善新型教学模式。培养英语专业学生的自主学习能力，成为大学英语教学研究的重要课题。

※ 一、大学英语教学模式及其发展历程

乔伊斯和威尔关于教学模式的定义在国外是比较有影响力的。他们认为，教学模式可以用来设置课程、设计教学教材、指导课堂或改进其他场合的教学的计划或类型。关于教学模式的内涵有多种不同表述方式。在国内，有学者将教学模式等同于教学结构，认为它是在一定的教学思想指导下建立的比较典型和比较稳定的教学程式；也有学者认为，教学模式就是教学过程的模式，或是一种有关教学程序的策略体系、教学式样，即根据客观的教学规律和一定的教学指导思想而形成的整个教学过程中必须遵循的比较稳定的教学程序及其实施方法的策略体系。戴炜栋等学者在结合外语教学特点的基础上提出："教学模式是指在一定的教育思想、教学理论和学习理论指导下，在某种环境中展示教学活动过程的稳定结构形式。"人们对教学模式概念认识的分歧说明，对教学模式的实质和定位等基本理论问题有待进一步深入研究。尽管许多学者对教学模式的观点不尽相同，但无外乎是从不同视角对教学模式的以下两个基本属性进行研讨：教学模式是指为实现某种教学任务、目标和要求所展开的具体教学活动；教学模式是指它所涉及的教师、学生、教材、教学媒体等要素在教学活动过程中呈现的一种稳定结构形式。

（一）大学英语教学模式的发展历程

随着高新技术的发展，网络工具庞大的信息学资源和可接近性使信息流更直接地指向学生，这就使得以教师为中心的知识传授教学转向以学生为中心的综合应用能力教学模式成为信息技术飞速发展的必然结果。1986年《大学英语教学大纲（文理科本科用）》中虽然认识到现代科技的发展对于英语教学的贡献，指出现代教学手段是保证教学质量、弥补师资力量不足的有效手段，但是在教学实践中仍然采取以教师讲授为主的教学模式。由于长期受到以"读"为中心、以语言知识讲授为主的传统教学模式的影响，综合英语课程在某种程度上制约了学生将语言知识转化为语言交际能力，限制了学生综合语言能力的提升。

随着多媒体网络技术被引进大学英语教学，传统的教学模式将面临极大的冲击。2003年，教育部正式启动了大学英语教学改革工程。该项目的核心是改革传统的大学英语教学模式，建立基于网络的多媒体教学的新模式。2004年《大学英语课程教学要求（试行）》和2007年《大学英语课程教学要求》都注重调动教师和学生双方的积极性，特别是确立学生的主体地位，在新的教学模式中要处理好学生与教师的关系，学生是教学过程的主体，一切教学活动都要围绕学生如何学而展开，教师要做好课程的设计者、任务的设计者、任务实施的组织者等。此次改革强调引入多媒体与网络，倡导学校重新整合计算机硬件设备，形成一个以校园网为基本教学环境的教学网络体系，实现多地点、个性化、自主式教学，

保证教学内容的实用性、文化性和趣味性。可将原来教师讲授的内容设计为一个个学习任务，由学生在多媒体的网络环境下主动地、积极地去进行人—机交互式学习，在完成这些任务的过程中习得语言、熟谙技能。因此，计算机技术日新月异的进步使其功能有了跨越式的发展，尤其在外语教学方面，已远远超出了其辅助功能，逐步走向主导。

（二）关于传统外语课堂教学模式的思考

在我国几十年的外语教学中，存在多种外语教学方法和模式，其中广泛采用的是传统的"语法翻译"教学模式。外语课堂教学区别于其他学科教学的特点表现在四个方面：（1）必须通过积累大量的语言材料去激发教学活动的内部兴趣，在事实积累的基础上去掌握大量理论；（2）必须通过对集体作业和个别作业的安排去集中学生的注意力，即以练习安排作为课题教学的外部手段，学生能否学得起劲，主要看练习安排是否得当；（3）构成课堂教学的各个环节衔接紧密，有时两个环节要交叉进行，比如讲授新的课程后马上进行巩固复习；（4）作为进行课堂教学基本媒介的语言受到限制。外语课的教学内容是陌生的外语，使得一方面工具语言的使用要受到学生对外语理解能力和表达能力的严格限制，另一方面教师要经常因学生有限的目的语能力而不能充分、自由地使用工具语言。受课堂教学自身的局限，我国大学英语教学模式在很长时间里主要是以教师为中心，教师讲课文、讲词汇、讲语法，组织操练，这种传统的教学模式实行的是满堂灌的方式，忽视了学习者的能动性和主动性，虽然依靠教师的丰富经验和个人能力以及因材施教的小班教学方法，确实培养了一批又一批的外语人才，然而随着国家和社会对国民外语能力的要求进一步提升，这种教学模式面临着极大的挑战而变得难以维系。因此，构建新的大学英语教学模式成为当下大学英语课程教学改革研究的必然。

※ 二、教学模式改革的理论基础

教学模式的改革主要体现在教学理念、教学方法和教学手段等方面的转变上。鉴于以教师为中心、单纯传授语言知识和技能的英语教学模式给英语教学带来的负面效应，《大学英语课程教学要求》提出要改革传统教学模式。新的大学英语教学模式应为基于计算机和课堂的英语多媒体教学模式。多媒体网络技术在外语教学中发挥着重要的辅助作用，但教学理念对组织课堂教学模式的重要性也不可忽视。一般认为，建构主义思想是大学英语教学模式改革实践的重要理论基础。建构主义是学习理论中行为主义到认知主义的进一步发展。在建构主义学者看来，学习是一个意义建构的过程，而不是对知识的记载和吸收；学习者是意义建构的主体，依靠人们已有的知识去建构新知识；学习既是个性化行为，又是社会性活动，学习需要对话和合作；学习高度依赖于产生它的情境。与此同时，建构主义也强调以学生为中心，要求学生由外部刺激的被动接收者和知识灌输对象，转变为信息加工的主体、知识意义的主动建构者，要求教师由知识的传授者、灌输者转变为学生主动建构意义的帮助者、促进者。因此，基于建构主义的教学模式应重视四种学习方式——自主式学习、探索式学习、情境式学习和合作式学习，进而突出强调学生对知识的主动探索、主动发现和对所学知识意义的主动建构。

（一）大学英语多媒体教学模式的建构

建构主义理论为多媒体网络教学实践提供了强大的理论支持，而多媒体网络教学则是贯彻建构主义学习思想的较为先进的教学模式。随着计算机网络的迅猛发展以及随之而来的信息化手段的广泛应用，教学活动可利用的时间及空间得到了极大拓展，加上全球互联网所提供的取之不尽的教学资源也使英语教学新模式的构建平添了多种可能。如何基于建构主义的教学理念而有效地发挥计算机网络教学的优势，处理好课堂教学与计算机网络教学之间的相互联系成为外语教学的核心问题。有学者指出，为了顺应这种变化，在多媒体教学模式中，英语教学应分为课堂教学和计算机网上自学两种相互补充的方式。多媒体教学不是提高教学效果的唯一途径和手段，教师不能一味地追求现代化的教学手段而完全放弃传统的教学方法。目前，在我国大学英语教学中，全面推广基于计算机网络的自主学习模式的条件尚不成熟，单纯凭借这种新教学模式很难解决当前大学英语教学中的突出问题和矛盾，无法马上担负起大学英语教学改革赋予的历史重任，因此，结合大学英语课程设置，对大学英语课程进行科学合理的整合，可确保大学英语教学质量得到逐步提高。

（二）建构主义理论和多媒体、网络技术的结合

在建构主义者看来，知识是人们永无止境的探索，而不是一成不变的真理。建构主义对现代教学论的冲击在于它动摇了客观主义的知识观。教师不能把现成的知识教给学生，只能引导学生主动探究，让学习者掌握学习和解决问题的方法，成为一个自主的学习者和知识的创造者。大学英语教师不但要传授语言知识，还要承担帮助学生掌握英语学习方法和学习策略的重任。在大学英语教学中要确立以学生为中心的理念，培养学生的自主学习能力和终身学习能力，发挥他们的英语学习主动性，在使用英语完成各种交际任务过程中建构英语语言知识，提升英语应用能力。此外，大学英语教师不仅要传授语言知识，还要承担帮助学生掌握英语学习方法和学习策略的重任。教师在英语教学中应采用各种方法和手段，帮助学生培养对语言的认识，使英语教学不仅在课堂中进行，而且延伸到课外，为在大学英语教学环境中实现从"学习英语"到"用英语学习"的课程转换创造条件。

（三）教学模式的建构原则：以学习者为中心

根据《大学英语课程教学要求》中提出的关于英语教学改革的指导思想，大学英语教学模式应从传统的纸笔模式转变为以计算机（网络）为载体的课堂教学和学生自主学习相结合的模式，学生的学习模式是教师教、学生学、网络辅导三位一体的模式，并且在教学中应体现出以学习者为中心的思想。建构主义思想作为大学英语教学模式改革实践的重要理论基础指出，学生不应简单地、被动地接收教师输出的或书本的知识信息，而是要靠自己主动建构知识意义，但是传统的教学模式无法实现这一目标，因为传统教学模式是以教

为主,即教师根据自己对教学内容的理解备课、讲课,并且习惯于讲精、讲细、讲透;学生则习惯于机械地理解记忆,教师与学生的交流和互动极少,学生学习的积极性、主动性没有充分发挥出来。同时,现代网络技术的介入对传统教学模式形成了一定的冲击。学生可以借助现代多媒体设备根据自身知识组成情况,选择配套的网络课程学习,这就使英语教学不再受时间和地点的限制,而朝个性化学习和自主式学习的方向发展,因此,教学模式必须围绕学生的实际需求做出相应改变。在英语教学中实现此转向的目的就是放弃教师在教学过程中的绝对主导者角色,转向为学生自主学习、自我思考、自我发现的促进者,指导学生在多媒体的网络环境下主动地、积极地学习英语,最大限度地发挥他们的潜能。建构主义理论的核心是以学生为中心,强调学生对知识的主动探索、主动发现和对所学知识意义的主动建构。在建构课堂教学和计算机网上自学的教学模式中计算机网络环境下的课堂教学模式与自主学习模式应结合教学的现实要求,遵循建构主义教学理论,在课堂教学过程中,教师应该避免单纯的知识点教授,要充分利用开放的网络资源和网络交互技术,融知识教学与培养学生综合能力为一体。课堂教学是在一个相对单一、闭塞的环境中进行的,教师应充分利用现有条件,拓展教学空间和课堂知识点的操练环节,尽可能多地开展师生之间的课堂互动交际,在实际操练中进行语言知识教学,帮助学生成为学习的主体,并设计真实、复杂和开放性的语言学习环境与问题情境,诱发、驱动并支撑学习者探索、思考与解决问题的活动。同时,教师也可以在课堂上利用多媒体手段,如播放幻灯片或与学习主题相关的影像资料,使文字信息与图像信息相互交融,在激发学生学习积极性的基础上,对课堂知识点加以扩展。网络多媒体手段使学生利用计算机网上自学成为可能。网络信息直接指向学生,学生成为学习的中心。他们可以"控制"学习媒介和"课程"的程序,可以自主选择学习的时间、地点和内容。学习是非线性的和无连续性的,不再局限于传统的课堂学习。教师可根据特定目标和特定学生,设计不同的网络课程任务,对学生进行有针对性的因材施教。学习者借助计算机的自主学习就不再需要中间环节,可以完全依据自己的兴趣、爱好和对自己未来设计的需要,自主、自由地选择学习内容。网络所提供的超媒体、超文本信息,以及跨学科、跨时空和面向真实世界的链接,构建起了使学习者走出大学英语课堂、融入社会实际英语使用情境的内容体系,能更好地保证学生的自主学习质量。由此可以看出,随着现代多媒体教学手段的介入,新的课堂教学模式和计算机网上自学模式在建构主义的影响下,被赋予了个性化、自主化和协作化等特点,这是更符合现实人才培养需求的变革,也是《大学英语课程教学要求》对多媒体教学要求的全面体现。

(四)教学模式与多媒体网络技术的结合

建构主义理论的核心是以学生为中心,强调学生对知识的主动探索、主动发现和对所学知识意义的主动建构。教学过程应是教师与学生交流与互动的过程,是教师与学生、学生与学生、学生与社会的互动过程。基于建构主义的教学模式应重视四种学习方式,即自主式学习、探索式学习、情境式学习和合作式学习。以现代教育信息技术为基本手段和途径，新的大学英语教学模式包括学生、教师、教学信息、学习环境四个要素，这四个要素相互作用、相互联系形成稳定的网络多媒体教学模式。

（五）多媒体网络技术下的自主学习

多媒体网络技术影响下的教学模式突破了传统课堂教学的时空限制，创造了现代教学环境，构建了一个无限开放的教学空间，淡化了"教"，强调了在现实环境中的"学"。教师宏观规定学习任务，学生自主掌握学习进度和选择语言项目。建构主义学习理论强调学生不是简单地、被动地接受教师输出的或书本的知识信息，而是靠自己主动建构知识意义。学生通过自主学习，查漏补缺，将旧知识与新知识联系起来，在原有旧知识的基础上增加、积累新的知识。那么在多媒体网络自主学习的环境下，学生就可以在任何地点、任何时候开展学习。教师可以在校园网上建立有关英语学习的网页，为学生提供英语新闻、英语论坛等栏目，学生可以根据自己的语言水平、兴趣和学习风格自行选择学习内容。网络课程的最大特点是利用现代化技术，通过为学习者创造优化的网络自主学习环境来注重学习者的个性差异，充分调动学习者自身的积极性，大面积挖掘学习者自身的学习潜能，最大限度地开发学习主体的主观能动性。网络环境中学生进行的是个别化的自主学习和协同学习，学生可以按自己的知识结构和需要选择相关的知识内容进行学习；学生还可以在很大程度上支配自己的学习时间、学习过程和学习空间，设定学习目标，不断做出调整，决定学习进度；学生可以按自己的水平和需要自由选择不同级别和水平的学习材料，或侧重词汇语法，或侧重听说训练，从而达到强化自己所学知识和所掌握技能的目的。

（1）多媒体网络技术对探索式学习具有激发性。语言学习是积极体验的过程，它要求学生去探索和建构语言的意义，因此语言学习应该是一种非程序式的、非事先设定的活动。建构主义侧重以学习者为中心，实行发现式学习和探索式学习，让学生在某一特定的语言环境中自行体会和发现，使学习成为一种自然的行为活动。在网络环境中学习，学生的学习过程不再由教师统一控制，不再像课堂教学那样强调集中思维、求同思维和正向思维。学生具有很大的自由空间，在学习中能更多地进行主动的学习和独立的思维，因此除了消化和吸收所学知识与经验外，更加看重创造性学习。网络的开放性和多元性特征为学习者提供了多种选择的可能，使人的思维得以激活，从而激发出创造的欲望。学生在借助计算机完成自主学习的过程中，要去寻求、研究，进而建构语言的意义，这就是探索式学习。对一切新学习模式、新知识的开放也促使学习者通过不断地学习来更新或改变自我的思维结构，在没有教师的情况下，学生要学会自主安排学习时间，学会独立使用网络教学资源，自主分工合作完成教学任务，从而形成一种不断探索、创新的思维模式，发挥学生的自主创造性。在网络教学中，学生成为学习的主体，网络学习系统中设计的真实、复杂和开放性的语言学习环境与问题情境诱发、驱动并支撑学习者探索、思考与解决问题的能力。学生有了这样的资源，再具备妥善处理这些信息的意愿，就可以真正实现培养自我探索式学习的目标。

（2）多媒体网络技术有助于情境式学习。在真实的语言环境中学习，学生感知的语言才会更加具有完整性和意义。这些丰富的语言学习素材一方面因丰富多彩而大大激发了学生的兴趣，吸引了学生积极主动参与学习，引导学生在网上"畅游"世界，利用计算机教学软件自主视听或观看原版英语电影，以亲身的探索经历构建坚实的图式基础，在网络创置的语言情境下建构自己的目标语知识，达到语言学习的目的；另一方面，学生可以通过网络，随时下载有利于创造情境的资源，丰富大学英语的课堂教学，可以引导学生通过网络培养阅读、听说、写作等技能，强化批判性和创造性等高级语言思维能力，将全球的知识信息连接起来，提供一个巨大的教学资源库，把娱乐性、参与性强的网站引入教学内容之中，充分调动学生的各种感官。此外，英语电视、英语新闻和各类国际活动的英语直播，特别是越来越多的大学建立电视英语中心等，都为语言学习创造了极好的语言情境，保证在较真实的英语环境中全面培养学生各项英语语言的技能，在现实的语言体验中内化语言知识，形成并不断提高综合语言应用能力。

（3）多媒体网络技术有助于合作式学习。在网络环境下，以计算机为核心的现代教育技术、教师、学生应构成一个生态化的大学英语教学环境，使三者在整合的教学情境中相互作用、相互补充、相互转换。建构主义认为知识是在行为活动或经验中建构的，是逐步显现的、情境化的，学习就是知识建构、解释世界和建构意义。语言教学过程不是一种单纯地认识和传递知识的过程，是通过语言建立师生之间的合作关系、对话关系。在对话过程中，师生各自凭借自己的经验，用独特的表现方式，实现知识的共同拥有与个性化的全面发展。课堂不再是教师"唱独角戏"的舞台，不再是学生等待知识灌输的"接收站"，而是师生之间的双向互动。随着多媒体网络技术的介入，教学中的对话已不限于师生之间、生生之间言语的应答，师生互动课堂、生生互动"社区"、生—机互动"在线"等教学环境的创建应运而生。在课堂、学生课外活动场所、网络虚拟空间三维环境中，所进行的师生、生生、生—机英语互动活动中教师的作用是引导、促进、协调，而学生作为活动的主体，通过探索、实践与合作，在做中学、探中学，逐渐完成对语言使用规则的认知和外化。在课堂上，教师可以让学生分组完成专题准备和讨论，所有学生均被要求参与某一专题的准备和陈述，并设置自由提问环节，教师在整个讨论中起引导作用。多媒体网络教学环境为师生、生生之间提供了多种形式的语言交互途径，网络教学中的协作学习、小组讨论、在线交流等学习模式也使师生之间、生生之间通过交流信息实现互动合作，从而实现真正意义上的人—机、人人互动。这样的教学模式转变不仅是采用了多媒体技术而引起的教学手段的转变，更重要的是它引发了外语教学理念的一场变革。与传统课堂模式相比，多媒体教学优化了外语教学资源的环境，提高了个人学习效率和教学效果；多媒体教学模式不仅仅运用先进技术手段提高了教学效率，更重要的是它改变了以教师为中心的传统教学模式，形成了以学生为中心的个性化学习方式；多媒体教学是更注重"学"而不是"教"的全新教学模式，对于发展和培养我国学生迫切需要的外语综合应用能力和独立自主学习能力有着深远意义。

※ 三、大学英语教学方法

外语教学法是一门研究外语教学论和教学实践、外语教学过程和教学规律的学科。长期以来，外语教学界最为重视的就是外语教学法。因为在其他条件等同的情况下，不同的教学方法会导致完全不同的教学效果，随着时代的发展，外部整体的学习环境发生了很大变化，教学模式也做出了相应改革，学生可以不再像以前那样完全依赖学校或者教师的授课，英语学习朝着个性化、主动式的方向发展。教学中若没有相应的教学方法，教学内容就不能很好地传授，教学目的就难以达到。自大学英语教学大纲推行以来，我国的大学英语教学取得了很大的进步，主要表现在英语教学改革初见成效、教学设施得以改善、大学生的英语水平在逐年提高等方面。在高新技术迅速发展的今天，社会对于外语人才的要求越来越高。学生不仅要有扎实的语言知识，还要具备良好的综合素质和交际能力，因此，为了顺应变化的学习环境和教学模式，满足新形势下外语人才的培养需要，我国大学英语教学的当务之急就是改革某些陈旧的教学方法，创造新的教学方法，寻找最优教学法。"最优教学法"就是适应特定的社会环境、教学环境、教学对象、教学目的要求的教学法，目的是在充分发挥现有条件的基础上达到最好的教学效果，而不是追求统一的、唯一的方法。任何教学法都有其产生的特定背景，并不能服务于所有教学目的，也不能适用于各种学习阶段。能达到最好教学效果的方法就是最优教学法。各高校在选择教学法的时候，要充分考虑学校教学环境、教学设备、学生整体水平以及师资力量等客观因素，结合教学目的与任务、教学内容、教学组织形式等教学基本成分，对现有的外语教学法进行重新组合搭配。

（一）大学英语传统教学法

外语教学法是外语教学过程中的一个重要成分，是为完成教学任务，实现教师怎样教、学生怎样学以及师生相互作用所采用的方式、手段和途径。外语教学法是一定历史背景和社会环境的产物，是根据不同教学阶段以及教学要求决定的；不同的外语教学法产生于改革外语教育的实践，受制于外语教育的目的，不同的外语教学法并非相互对立，而是长期相互依存的。各类教学法在见解方面需相互借鉴，理论内容互相融合。

一方面，英语教学法总是处于批判、继承、发展、创新的过程中，正是这种历史继承性使综合与折中的趋势有了存在发展的可能；另一方面，大学英语改革是与时俱进的，是时代发展的要求。因此，可以说大学英语教学改革不是照搬外国的理论，而是以大学英语教学方法运用的现状与时代要求为立足点，选择一种既符合大学英语教育教学现状又符合时代需要的英语教学方法。由于受不同语言学基础和心理学基础的影响，早期传统教学法往往比较注重语言结构和语言规则的掌握，而相对后起的一些教学法如交际法，则比较注重语言意义和语言功能的掌握。我国大学英语教学中正在使用的、有代表性的几种方法可概括为语法翻译教学法、情境教学法、交际教学法、任务型教学法、直接教学法。

语法翻译教学法始于 18 世纪，是随着现代语言作为外语进入学校课程而形成的第一个有影响的外语教学方法体系，也是我国早期大学英语教学采用的主要方法。语法翻译教学法强调学生母语在教学过程中的重要作用，强调母语和英语的共同使用，认为将母语与英语的异同挖掘出来有助于学生更加明确地理解英语。现代语法教学法主张以语法为语言的核心，是外语学习的主要内容，教师只需具备外语语法基础知识和母语与外语互译能力就可在语法理论的指导下开展教学。课堂教学以教师讲解为主，学生被动接受，使语法为阅读教学服务；语法翻译法把口语和书面语分离开来，把阅读能力的培养当作首要的或唯一的目标。因此，语言知识的提高、词汇的理解、语法的变化成了课堂的教学重点。在教学中，翻译既是手段又是教学目的，对语法学习的强调、对理性知识的重视，虽然加深了学生对目标语言的理解，对阅读、翻译、写作等方面的培养行之有效，可是围绕着语法规则的记忆与机械操练，学生运用英语进行口头、书面交际的能力仍然比较薄弱。

情境教学法也称为视听法，主要针对听说法脱离语境、孤立地练习句型、影响学生有效使用语言能力培养的问题。20世纪50年代在法国产生了情境教学法。情景教学法是教师根据课程所描绘的情境，创设出形象鲜明的投影图画片，辅之生动的文学语言，并借助音乐的艺术感染力，再现课文所描绘的情景表象，师生就在此情此景中进行着的一种情景交融的教学活动。在情境教学法中，语言被看作与现实世界的目标和情境有关的有目的的活动。同时还会激发学生学习英语的积极性和热情，帮助学生更为准确和牢固地完成对英语知识点的记忆。通过获得有价值的感性材料，可以实现英语教学理论与实践的有机结合，为英语的语言知识学习提供良好的条件。但是，情境教学法的不足之处是在运用过程中强调通过情境操练句型，在教学中只允许使用目的语而完全排除母语，这不利于对语言材料的理解和运用；教师若过分强调整体结构感知，就无法保证学生对语言项目的清楚认识。

交际教学法也称为"功能法"或"意念—功能"交际法，是由威尔金斯提出的。其历史可以追溯至20世纪60年代，威尔金斯指出："交际能力不仅仅包含语言知识，还应包括语言运用的能力，尤其应该注意语言运用的得体性，它包括对交际时间、交际场合、交际话题、交际方式等诸多因素的灵活把握和运用。"交际教学法使语言教学观发生了革命性的变化，在外语教学中发挥了巨大的作用。它提倡以语言功能项目为纲，强调在语言运用中学习语言，从而实现培养交际能力的教学目的。交际教学法在师生共建的课堂互动模式中给学生提供了更多使用语言的机会，它在继承传统教学法合理成分的基础上，将学生能够运用英语语言能力作为学习的目的。它强调交际的过程，认为有没有一个具体的目标和明确的结果并不重要。交际教学法认为语言是实现交际目的的手段，但是仅仅具有听、说、读能力并不一定就能准确地表达意念和理解思想，因为语言的交际功能受制于语言活动的社会因素，教学过程就必须交际化。这就意味着要尽可能地避免机械操练，而应该让学生到真实的或接近真实的交际场合进行练习，感受情境、意念、态度、情感和文化修养等因素是如何影响语言形式的选择和语言功能的发挥的。因此，教师应该借助课堂或者多媒体教学，多为学生创造、提供交际情境和场合，在真正意义上实现"用语言去学"和"学会用语言"，而不是单纯的"学语言"，更不是"学习关于语言的知识"。

任务型教学法是在 20 世纪 80 年代交际教学法被广泛采纳的情况下产生的，它是交际教学法和第二语言研究两大领域结合的产物，它代表了真实语境下学习语言的现代语言教学理念。任务型教学法是通过教师引导学习者在课堂上完成任务来进行教学的方法，强调"在做中学"，是交际教学法的延伸和发展，教育的重心从教科书和教师转移到学生，教师引导学生在各种语言任务中学习。在课堂教学活动中，教师围绕特定的交际项目，创设出目标明确、可操作的任务，学生通过表达、交涉、解释、沟通、询问等多种活动形式完成任务，达到掌握语言的目的。任务完成的同时就是巩固旧知识，并且学习与运用新的语言知识的过程，从而达到学习语言和掌握语言的目的。任务教学法综合了多种教学法的优点，和其他教学法互相补充、相互完善。通过完成多样化的任务活动，学生的学习兴趣被激发，语言技能和语言知识得到了发展，对培养学生的语言综合能力大有裨益。这与传统的语言操练完全不同。任务型教学法充分体现了以学生为中心、以实现语言运用为目的的教学理念。

直接教学法是力求在外语教学中创造与儿童习得母语的自然环境相仿的环境，并采用与儿童习得母语的自然方法相一致的方法。帕默认为语言是一种习惯，学习一种语言就是培养一种新的习惯，习惯的养成是靠反复使用形成的。因此，直接教学法主张不依赖学生的本族语，它是通过思想与外语的直接联系来教外语的方法。它主张外语教学应以语音训练为主，对语音的掌握是学好外语的关键，语音训练应充分利用音标。直接教学法强调建立外语同母语与实际的直接联系，以培养学生使用外语思维，这就为外语学习提供了一种生动活泼的学习方法。激发学生的学习兴趣，促进学生积极参与课堂教学活动，让学生实际掌握语言材料，再从他们积累的感性语言材料中总结出语法规则，用以指导以后的学习。直接教学法重视听觉感知和听觉记忆，对于培养学生的语音语调方面效果明显。它通过提出先听说、后读写的教学要求，把语言听说教学提到前所未有的重要地位。

（二）教学活动中多种教学法的综合运用

大学英语教学在方法上越来越趋于多样化、折中化、本土化、学生中心化和学习自主化。这些变化促进了中国的大学英语教学改革。外语教学是一门实践性极强的课程，它需要一定的知识传授，但更需要活泼、较为真实的课堂教学氛围，以及作为英语学习主体的学习者的积极参与和大量的交际实践。教师的"教"和学生的"学"是教学的两个重要环节，需要教师和学生共同参与。那么如何在师生共建的课堂互动模式中，有意识地创造各种语言环境，积极调动学生学习英语的积极性，让学生正确地使用英语知识去表达、交流思想和传递信息，是外语教学法要解决的首要问题。这就要求教师在教学过程中灵活地选择有效的英语教学法，在以计算机、多媒体和网络为辅助手段的基础上，将不同的教学法穿插使用。有效地调动学生学习英语的主观能动性，有助于教师及时对教学过程进行调控，同时可以加强学生与教师之间的有效沟通，帮助学生更好地提高自身的语言能力。教师对教学法进行选择时应注意兼顾几个原则，即知识的体系性、任务的多样性、情境的真实化。

英语教学法要帮助学生构建扎实的语言知识体系。《大学英语课程教学要求》指出，大学英语的教学目标是培养学生的英语综合应用能力以及运用英语进行交际的能力。交际能力由两个方面组成，即语言知识和交际实践。语言知识的积累可以提高交际能力；交际实践可以巩固学到的语言知识，并进一步促进交际能力的提高。在这两者的关系中，语言知识的学习是基础，也是最终为语言交际服务的。教师在开展教学的过程中可以参照语法翻译教学法，先讲授词法，然后讲授句法，采用演绎法讲授语法规则，再举例子予以说明，语法练习的方式一般是将母语句子翻译成外语。在强调阅读作为外语教学的主要目标的同时，考虑对学生听、说、写能力的培养，这样的教学法在很大程度上有助于学生英语知识体系的建构。此外，强调母语和目标语言的共同使用。在课堂上，教师适当地采用母语进行解释，尤其是针对具有抽象意义的词汇和母语中所没有的语法现象，既省时省力又简洁易懂。再者，将英汉两种不同的表达方式进行比较，可以提高学生正确运用目的语的能力，因此在教学中可以灵活采用。

教学法能否调动学习者的学习兴趣，是保证教学质量的关键。因此，在教学中教师应该确保学习任务的多样性。教师在设置任务的时候要以激发学生的学习兴趣和成就感为出发点，围绕特定的交际和语言项目，设计出具体的、可操作的任务，让学生在任务的驱动下学习语言知识并进行技能训练，在感知、认知知识的过程中达到学习和掌握语言的目的。活动可围绕教材但不限于教材，要以学生的生活经历和实际交际活动为参照，不仅要有利于学生英语知识的学习、语言技能的发展和运用能力的提高，还应有利于促进英语学科和其他学科之间的相互渗透和联系，使学生的思维能力、想象力、协同创造精神等综合素质得到锻炼和提高。比如上课之前让学生利用课余时间通过图书馆、网络等媒介查阅相关资料，了解本单元的中心主题；建立学习小组，成员之间互相检查背诵、记忆教材内容或者根据课程内容提前安排小组排练表演并进行课堂展示等；在课堂上鼓励学生积极参与各项学习、讨论、陈述。学习任务包含有待实现的目标和需要解决的问题，因此会激发学习者对新知识、新信息的渴求。这样，学生通过实施任务和参与活动，就能促进自身知识的重组与构建，使摄入的新信息与学习者已有的认知图式进行互动、连接、交融与整合。

在教学中，教师应通过模拟真实情境来拓宽教育空间，增强学生的感受性，强化参与意识，从而有效地提高教学效果。传统的课堂教学被局限在教室中进行，现代信息技术的广泛应用使教育空间的拓展成为可能。教师可以在课堂教学中借助多媒体教学设置，为学生创设真实的语言环境或模拟情境，在模拟的情境中完成语言知识的学习和操练，在实践中提升交际能力。传统教学法的弊端之一就是教学法给学生造成一种距离感，形成"你讲我听"的被动状态。而情境教学法由于教师根据教材和心理理论创设了有关情境，从而缩短了师生的心理距离，强化了学生积极参与的意识。情境教学法强调在英语教学中充分利用生动、形象、逼真的意境，使学生产生身临其境的感觉，利用情境中传递的信息和语言材料，激发学生用英语表达思想感情的欲望，促进学生的语言能力及情感、意志、想象力、创造力等的整体发展。情境教学法的教学实践是以课堂教学为主线，综合运用多种办法创设真实语言情境，营造英语氛围。教师可以鼓励学生在课后使用视听设备和语言实验室来放映英语电影、收听英语广播、收看电视节目，通过情境、视听教学，让学生把握地道的语音、语调并了解西方的文化背景。情境教学法既能突破传统外语课堂教学的狭隘性、封闭性，拓宽教学空间，又能引起学生的兴趣，唤起学生的参与意识，提高教学质量，对外语课堂教学来说这是一种切实可行的教学法。教学要以重视、发展语言技能和交际能力为主，应采用多种交际功能项目，保证交际的趣味性。

由此可以看出，每种英语教学法都有它产生和存在的条件。在实际教学中教师应该仔细研究各种教学法的特点，熟悉并掌握其中的技巧，不能盲目地推崇某一种教学方法，否定另一种教学方法，应根据教学活动的具体情况综合使用各种教学法。事实证明，没有任何一种单纯的教学方法是万能的，过多地依赖或推崇某一种教学法的做法往往会在具体的教学实践中产生某种偏差，这不利于外语教学的进一步发展与提高。大学英语教学大纲要求教师不仅要向学生传授语言知识、训练语言技能，还要培养学生运用英语进行交际的综合能力。这一要求是立体的、多层次的，所以，教师在教学中必须秉持客观、实事求是的态度，结合教学特点、学生的实际情况以及现有的教学资源，选择合适的教学法，从而有效地开展大学英语教学。

※ 四、大学英语的教学手段

教学手段是构成教学系统的重要因素之一，是为了实现预期的教学目的而采取的手段，是师生教学相互传递信息的工具、媒体或设备。《大学英语课程教学要求》指出，大学英语教学应尽可能地为学生创设自主式学习环境，体现个性化教学。将多样化和立体化引入传统的英语课堂，这些要求对大学英语教学提出了新的挑战。大学英语教学需从调整教学观念及教学手段等方面入手，重新审视并合理地运用传统教学手段和现代化教学手段，使教学以更快的速度、更高的效率、最大限度地激发学生的学习动力及开发他们的潜力，以保证新形势下大学英语教学的质量。

现代信息技术的应用和普及尤其是多媒体技术和网络技术的结合，为外语教学提供了强大的技术手段，特别是多媒体外语教学软件的出现给外语教学带来了勃勃生机，在教学中充分利用以多媒体技术为核心的现代教育技术是大学英语教学改革和发展的必然要求，是各高校英语改革的主要方向。传统的英语教学模式主要是面对面的单向式课堂教学，多媒体网络教学以其形象性、生动性、先进性、高效性等特点弥补了传统教学中的不足，成为现代化教学的一种重要手段而被广泛采用。

（一）现代化教学手段的优点

现代化的多媒体教学手段集声音、图像、视频和文字等媒体于一体，具有形象性、多样性、新颖性、趣味性、直观性、丰富性等特点。它可以根据教学目的、要求和教学内容，创设形象逼真的教学环境、声像同步的教学情境、动静结合的教学图像、生动活泼的教学气氛。它是现代科学技术的发展在教学中的反映，具有直观性强、智能化的特点。多媒体的应用可以用来设计全新的整体教学过程和交互性、个性化的训练方式，促使教学过程发生根本变化，形成教师、学生、教材和教学方式的新组合，能为语言学习者提供一个良好的视觉、听觉交互式语言环境，起到其他教学手段无法比拟的教学效果。与传统的教学手段相比，多媒体辅助教学有着明显的优势。多媒体是集图、画、视频、音频与文本于一体的教学手段，它从视觉、听觉与感觉等方面同时刺激神经系统，使学生动脑、动眼、动嘴、动耳、动手，积极地开展思维活动，提高语言交际能力。教师在多媒体教室使用现有的多媒体软件，通过动态过程的演示和模拟情境，将知识以图文并茂的形式展示出来，通过形象逼真、色彩鲜艳的画面、生动有趣的形式充分刺激学生的多种感官，使单调的书本知识形象化、具体化，可极大地激发学生学习的兴趣，为学生参与听、说训练创造良好的气氛和环境。同时，学生可以借助计算机，根据各自的喜好选择不同的学习内容，既可以听单词、课文的朗读，也可以通过虚拟课堂讨论、角色扮演、游戏等来培养英语思维能力，可有效地提高英语的实践能力。

现代化教学手段能够增大课堂信息容量，提高授课效率。课堂教学中引入多媒体课件，可以增加课堂信息量，大幅度降低教师的劳动强度，提高课堂效率。传统课堂教学需要教师写板书、学生记笔记，教师与学生的劳动强度都较大。计算机多媒体技术的发展为教学提供了强大的技术支持，教师可以运用计算机事先准备好授课内容，制作汇集大量的文本、图形、图像、视频、音频资料课件，可以充分利用课堂时间。多媒体课件包含的信息量大，以其信息和数据表达的多样性，可调动学生多种感觉器官参与学习，更增强了学习的趣味性，从而提高授课效率，相比于传统教学而言，在同样的时间里可以呈现更多的信息，因为多媒体教学节约了教师写板书的时间，降低了教师的劳动强度，使教师可以在单位时间内向学生传递更丰富的知识，而且可以有效地压缩课内教学学时，使学生讨论、小组活动、师生互动的时间增多。教师也可在课后将课件输送在校园服务器上，供学生随时查阅，这无异于给学生提供了一本完整的课堂笔记，从根本上解决了学生上课时听与记之间的矛盾。

（二）现代化教学手段的不足

大学英语教学是一个集多种教学模式和教学手段于一体，以英语语言知识与使用技能、学习策略和跨文化交际为主要内容的教学体系。多媒体大学英语教学把各种媒体和教材中的资料都整合到大学英语教学中。现代化教学手段虽然是一种先进的教学手段，但是目前它还不能完全代替传统教学活动，因为多媒体教学手段在英语课堂教学中主要是起辅助作用的，而不能本末倒置。在具体的教学实践中，现代教学方式中的问题也逐渐暴露出来。

多媒体课件过于注重形式，忽略教学内容。在多媒体网络教学中，教学课件起着重要的作用，它的优劣直接影响着教学效果。而真正用于教学内容的反而变少，不利于备课。比如部分教师在制作课件过程中，过分注重形式，加入过多的图像、动画，结果教学过程出现主次不分、杂乱无章的现象，导致学生上课时一味地欣赏课件中的图案和动画效果而忽略了教师的讲解和重要的知识点。

多媒体和网络的使用给大多数学生提供了自主学习的机会，锻炼了他们的创造性和主动性，然而在这一过程中，由于缺乏教师监督，学习效果的好坏在很大程度上取决于学习者的自觉性，难以保证教学质量。在传统教学中，学生基本能跟着教师完成教学任务，教师对于学生的表现可以实现监控，教师的警示会约束学生走神，教师的暗示会启发学生的联想思维。但是现代教学手段由于强调学生的自主学习，教师的主导监督作用往往不起作用，学习自主性较差的学生就不能得到较好的管理。另外，多媒体课件上的学习内容繁多，学生往往分不清学习的主次和重点，又缺少有效的监督和管理，无法检索自己所需的资源而影响学生的学习。

因此，鉴于我国外语教育的师资配备、教学配套设施的建设和完善程度，单纯凭借现代教学手段是无法保证大学外语教学的顺利开展的。为了提高大学英语的教学质量，在教学中就要将多媒体教学与传统教学相结合，各取所长，充分发挥传统教学手段和现代化教学手段的优势，这样才能取得满意的教学效果。

（三）传统教学手段与现代化教学手段的运用

教学手段是教育者通过教学内容联系教育对象的桥梁，是教学主体与客体交流教育信息的物质基础。教学手段的运用直接影响着师生之间信息传递的质量与效果，进而影响教育对象的思维发展。

传统教学手段主要是借助文本教科书、挂图、教师的大脑等记录、储存教育信息。教师备课认真，讲课内容丰富有条理。学生通过观察教师的表情、动作等肢体语言，可以领会教师的用意，从而有助于对知识的消化和吸收，在课堂上师生交流的机会较多。与现代教学手段相比，以"粉笔＋黑板"为标志的传统教学手段虽然过于费时、形式比较单一，却是在长期教学实践中保留下来的一种传播知识文化的方式。它在加强师生之间的互动关系、调动学生积极思考、通过教师的肢体语言传达给学生直观的感受等方面发挥着巨大作用，其特有的教学效果是现代教育技术不可替代的。

现代教学手段以信息处理的高速度、高容量、多媒体和交互性，极大地提高了教学效率，这就从根本上改善了大学英语教学的环境，可以极大地丰富传统的教学手段，二者互相补充、扬长避短就可实现教学手段的优化整合，为英语教学提供新思路，从根本上改进传统教育中存在的问题。

多媒体教学作为重要的现代化教学手段在大学英语教学中受到重视并得到较为广泛的应用，但是过分夸大计算机辅助教学的功能，以计算机来完全代替传统教学的教学手段是不现实的，因为多媒体辅助教学手段仅是构成教学环境的一个重要方面，不可取代教学过程中的所有环节。在教学中要根据教学目标、教学内容以及教学对象的特点，有针对性地设计和选取教学手段，将多媒体教学手段与传统的教学手段有机结合，实现优势互补，才能提高大学英语的教学效果和质量，提高高校大学生的英语综合运用能力，为我国的社会发展和经济建设输送高素质的外语人才。

因此，针对传统教学手段和多媒体教学手段各自的特点，教师在教学过程中应重新审视如何合理地运用传统教学手段和现代化教学手段，做好两种教学手段的整合，以提高大学英语教学的质量。

第二章　教学模式的概念和课程体系概述

第一节　教学模式的理论

英语作为一门国际通用语言，发挥着日渐重要的作用。当前社会对大学生的英语水平提出了更高的要求，由此对大学英语教学效益和质量的提高也势在必行。研究表明，目前大学英语教学存在以下问题："过分强调语言基础知识的学习，忽略了语言能力的培养，学生数量在高校扩招的背景下骤增，使得英语教师质量和数量不能满足需要""教学模式和方法落后，未能充分利用先进的、现代化的教学手段""缺乏统一的、科学的英语教学管理体系""教学考核测试手段单一"等。为了探索中国英语教学的规律，体现"做中学"的教育指导思想，解决"中国英语教学普遍存在的'费时较多，收效较低'的问题"，教育部于 2002 年启动了新一轮大学英语教学改革，措施之一是重新修订《大学英语教学大纲》，之后分别颁布了《大学英语课程教学要求（试行）》和《大学英语课程教学要求》。

根据最新《大学英语课程教学要求》，本轮大学英语教学改革重点在于提高大学生的英语应用能力、自主学习能力和跨文化交际能力。《大学英语课程教学要求》在课程设置部分明确提出，"大学英语课程的设计应充分考虑听说能力的要求""设计大学英语课程时也应充分考虑对学生文化素质培养和国际文化知识的传授""无论是主要基于计算机的课程，还是主要基于课堂教学的课程，其设置都要充分体现个性化"，要"确保不同层次的学生在英语应用能力方面得到充分训练和提高"，同时在教学模式部分也提出"英语教学的实用性、知识性和趣味性相结合的原则"，要使英语教学"朝着个性化学习、自主式学习方向发展"。

新的《大学英语课程教学要求》还特别指出，"鉴于全国高等学校的教学资源、学生入学水平以及所面临的社会需求等不尽相同"，"各高等学校应根据实际情况，按照《大学英语课程教学要求》确定本校的大学英语教学目标，设计各自的大学英语课程体系"。

大学英语教学模式主要基于以下教学理论和方法：

1. 建构主义教学模式

建构主义教学模式是在建构主义学习理论的指导下建立起来的，是建构主义理论应用于课堂教学的教学模式。它提倡的学习方法是教师指导下的、以学生为中心的学习，其学习环境包括情境、协作、会话和意义建构等四大要素，因此，建构主义教学模式主张在教师的指导下，以学习者为中心的学习。学生是信息加工的主体，是知识意义的构建者，而不是外部刺激的被动接受者和被灌输的对象。教师则是意义构建的帮助者和促进者。概而述之建构主义教学模式是指在教学过程中在教师的指导下，以学生为中心，以探究为主要学习方式，利用情境、协作、会话等学习环境要素，充分发挥学生的主动性、积极性和首创精神，使学生有效地实现当前所学知识意义构建的教学程序及其方法策略体系。

建构主义思想自皮亚杰以来，在其对学生的学习进行考虑和反思的发展过程中形成了多种流派。虽然各流派在对知识、学习、教师和学生等问题上的看法有许多共同处，因而其对教学目标的要求基本一致，但由于各观点的侧重点不同，教学中所采取的教学方式和步骤也不一样。目前，研究比较成熟的有抛锚式建构主义教学模式、支架式建构主义教学模式、随机进入建构主义教学模式等。

2. 研究性教学理念

研究性教学是建构主义学习理论下形成的与之相适应的一种教学模式和方法。建构主义理论包括认知建构主义和社会建构主义。认知建构主义的开创者皮亚杰和社会建构主义奠基人维果斯基都一样重视学习的认知过程，把学习看成学习者主动"建构"知识的过程，而不是通过他人"给予"而被动接受和使用的过程。"认知结构产生的源泉是主、客体相互作用的活动，在相互作用的活动中蕴含着双向结构。"

以建构主义为理论支撑的研究性教学是指"学生在教师指导下，以类似科学研究的方式去主动获取知识、综合运用知识解决问题的一种学习方式。研究性学习与一般意义上的科学研究具有一定的相似性，如在研究过程上两者都要遵循提出问题、收集资料、形成解释、总结成果这样一个基本的研究程序。在这里知识都以问题的形式呈现，知识的结论要经过学习者主动的思考、求索和探究"。可见，研究性教学理念的本质是学生主动参与的探索性学习，思维是学习的动力，学生是学习的主人，因此"外语是学会的"，"学"在这里是研习的意思。

在大学英语教学中倡导研究性教学理念，应该说是为内容教学提供了一条新路。众所周知，外语是一门工具性质的学科，而大学英语的工具性就更突出。由于没有实质的教学内容，没有像"高考"这样重要的教学目标，大学英语的听、说、读、写技能训练因而就变得枯燥又机械。只有研究性教学，才使大学英语教学第一次有了真正的教学内容，并且在完成项目的研究过程中，学生的外语能力在实践中得到了锻炼，学生的思辨能力、创新能力得以发展，学生的学习能动性从根本上得到了改观。

但研究性教学又不是完全淡化外语技能的培养，事实上，将所学的语言知识应用于信息获取、问题分析、精确讲说、书面写作等过程更能培养学生把外语作为一门工具的语言能力。此外，研究性教学在大学英语中的应用又有别于英语专业的研究性教学。英语专业的研究性教学是对英语语言学、文学和英语文化等的专业知识的学习和研究，而大学英语的研究性教学是让学生在一定范围内自主选题，题目可以是人文社会的，也可以是自然科学的。这样既锻炼了语言能力，又培养了思维能力，扩展了学生的知识面，一举多得。

近年来，美国和日本等国家都设置了类似的研究性课程，其共同点是：（1）重视知识的掌握，但更注重学习的方法；（2）强调主动学习；（3）科学精神与人文情怀并重。

3. 人本主义学习理论

人本主义学习理论对学习本质的揭示是从人的自我实现和个人意义的角度加以描述，认为学习是个人自主发起的，使个人整体投入其中并产生全面变化的活动，是个人的充分发展，是人格的发展，自我的发展。根据人本主义学习理论，美国心理学家马斯洛、罗杰斯等创立的人本主义理论提出了 10 条学习原则：

（1）人生来就对世界充满好奇心，人类生来就有学习的潜能；

（2）当学生觉察到学习内容与自己的目的有关时，有意义的学习就发生了；

（3）当学生的信念、价值观和基本态度遭到怀疑时，他们往往会有抵触情绪；

（4）学生处于相互理解和支持的环境里，在没有等级评分却鼓励自我评价的情况下，就可以消除由于嘲笑和失败带来的不安；

（5）当学生处于没有挫败感却具有安全感的环境里，就能以相对自由和轻松的方式去感知书本上的文字和符号，区分和体会相似语词的微妙差异，换言之，学习就会取得进步；

（6）大多数有意义的学习是边干边学、在干中学会的；

（7）当学生负责任地参与学习时，就会促进学习；

（8）学习者自我发起并全身心投入学习，最深入，也最能持久；

（9）当以自我批判和自我评价为主、他人评价为辅时，就会促进学习的独立性、创造性和自主性；

（10）现代社会最有用的学习是洞察学习过程、对实践始终持开放态度，并内化于自己的知识积累。

简而言之，人本主义理论主张废除以教师为中心的模式，代之以学生为中心的模式，而以学生为中心的关键，是在于使学习者感到学习具有个人意义。

人本主义学习理论强调学习是一个情感与认知相结合的精神活动。在学习过程中，情感和认知是彼此融合、不可分割的两个部分。整个学习过程是教师和学习者两个完整的精神世界的互相沟通、理解的过程，而不是以教师向学习者提供知识材料的刺激，并控制这种刺激呈现的次序，期望学习者掌握所呈现知识并形成一定的自学能力和迁移效果的过程。由此可以理解，教学也不再是以教师为中心，以知识输入讲解为主要方式的活动了。要使整个学习活动富有生机、卓有成效，需要以学习者为中心，深入其内在情感世界，以师生间的全方位的互动来达到教学目标。这不同于多年来我国大学英语教学课堂以教师为主体，以教师讲解传授为主要形式的教学方法。

4. 后现代主义教学观

后现代主义教学观是在对教育"现代性"进行深刻反思的基础上形成的，具有开放性、超前性和创新性等特点。

后现代主义在我国最早出现在 20 世纪 80 年代初期的《读书》杂志上，1985 年美国杜克大学的弗·杰姆逊教授在北大开了名为"后现代主义与文化理论"专题课，在此之后，后现代主义在中国得到了快速发展。总体而言，它是对现代主义所崇尚的总体一致性、规律性、线性和共性及追求中心性的排斥，主张以综合、多元的方式去建构，具有非中心性、矛盾性、开放性、宽容性、无限性等特征。

后现代主义教学观对大学英语教学改革的启示表现在以下方面：

（1）在打破"完人"教育目的观的同时，后现代主义者提出了自己的教学目的观。他们主张学校的教学目的要注重学生各方面的发展，不强求每个受教育者都得到全面发展，要培养符合学生特点及生活特殊性的人，造就具有批判性的公民。

（2）后现代主义认为现代主义的课程观是唯科学的、封闭的。多尔从建构主义和经验主义出发，吸收了自然科学中的理论，把后现代主义课程标准概括为 4R 原则，即丰富性、循环性、关联性及严密性。

（3）后现代主义认为教学过程是一个自组织过程。自组织是一个通过系统内外部诸要素相互作用，在看似混沌无序的状态下自发形成有序的结构的动态过程。

（4）后现代主义的师生观认为，在传统的教学中，教师处于知识传授的中心地位，而学生处于被动和弱势的地位。教师是话语的占有者，学生的自主性和潜能受到了压制，故后现代主义认为，必须在课堂教学中建立师生平等对话的平台。在科学技术日新月异的影响下，知识的传播已经发生了很大的变化，教师的主要任务是教会学生使用终端技术和新的语言规则。师生关系中，教师从外在于学生的情景转向与情境共存，教师的权威也转入情境之中，其是内在情境的领导者，而非外在的专制者。

（5）后现代主义的教学评价要求实施普遍的关怀，着眼于学生无限丰富性发展的生态式激励评价，让学生充满自信，每个个体都各得其所，始终获得可持续发展的动力。它强调教学评价应该体现差异的平等观，即使用不同标准、要求，评价不同的对象，主张接受和接收一切差异，承认和保护学习者的丰富性、多样性。

5. 学术英语教学理念

学术英语也是近来在大学英语教学改革中提到的一个新的课程设计理念，它是针对在大学英语教学中盛行了几十年的基础英语提出的。基础英语的教学重点是语言的技能训练，包括听、说、读、写、译等，而学术英语分为两大类：一般学术英语和专门用途英语。前者主要培养学生书面和口头的学术交流能力，后者主要涉及工程英语、金融英语、软件英语、法律英语等课程。

以学术英语为新定位的大学英语教学，既区别于以往的以语言技能训练为主的基础英语，也区别于大学高年级全英语的专业知识学习或者"双语教学"，当然也区别于英语专业学生所学的人文学科方面的专业英语。它是基础英语的提高阶段，即在学生掌握了一定的规则和词汇，达到了一定的水平后，为他们用英语进行专业学习做好语言、内容和学习技能上的准备，是在大学基础教育阶段为今后全英语专业知识学习打下基础的一种教学模式。

第二节　课程体系构建理论与现状

※　一、课程体系构建理论基础

（一）社会发展是大学课程体系构建的社会基础

大学英语教学重心从基础英语到学术英语和实用型课程体系的转移是我国时代和社会发展的需要。

首先，这一体系可以激发大学生课程学习的热情和动力，避免目前大学英语和高中英语教学内容重复的现象。随着时代和媒体的发展，新一代大学新生的英语水平和改革开放初期大学新生的英语水平相比已有了很大的提高，如果继续在大学英语教学中教授基础英语，必然会造成学生学习懈怠。对照《高中英语课程标准》和《大学英语课程教学要求》，也不难发现无论在培养目标、课程设置还是在教学要求方面都基本接近甚至雷同。例如，《高中英语课程标准》规定高中毕业生的词汇量要达到 3300~4500 个，而《大学英语课程教学要求》规定的大学毕业生的一般要求，其词汇量也是 4500 个。因此，新一代大学新生在高中阶段实际已基本完成基础英语的学习，大学英语教学应该转为以学术英语和研究性学习内容为重心，为学生在大学高年级用英语进行专业学习做好准备。

其次，可以为培养市场需求的高科技人才走好扎实的第一步。目前，大部分重点工科院校仍在花两年时间给学生开设以人文科学为教学内容的基础英语课，分析文章结构，讲解语法词汇，训练听、说、读、写、译等日常交际技能。这样的教学对学生今后在各自专业领域中的发展不能说完全没有帮助，但帮助实在太小了。张炳阳在《今天，我们需要什么样的外语人才》一文中指出，我国懂外语的人很多，但能熟练使用外语的工程技术人才却不多。在市场经济的大环境下，通过 10 年时间（6 年中学 +4 年大学）培养出来的人才不能满足市场的需求，这不能不说是资源和时间的巨大浪费。

最后，把"大学英语"从基础英语转为学术英语和研究性课程英语，也将为学生在大学高年级接受双语或全英文授课做好准备。目前，很多用英语教授专业课的教师感慨：学生在听英语专业讲课、记笔记、小组陈述观点、阅读原版教材和专业文献、写期末论文等方面，如有一些前期的锻炼是完全有必要的。

（二）新一轮的大学英语改革是大学课程体系构建的有力推手

随着多媒体和网络技术在外语教学中的应用，我国当前的大学英语教学在教学形式上与传统的教学相比已有了很大的改观：学生视、听、说的机会增加了；教学形式也从以往单一的教师传授发展成学生多模态并用的小组活动、双人活动等，这些是传统教学无法实现的。然而在习惯了一段时间多媒体教学的新颖形式后，学生学习的积极性又一次降温。究其原因，主要是在网络环境下的以交际法为主导的任务型外语教学方法归根到底还是语言技能训练，这与传统的教学本质上差别不大。长期的语言技能训练不但已经挫伤了学生学习外语的热情，而且导致学生在思维上产生了一定的惰性，不愿费神费力，甚至厌学。因此，"英语教学不能等同于语言技能的传授和训练，英语教学既不能是英语语言知识的教学，也不能是英语语言技能的教学。英语教学应该是，也只能是，某种教学内容的教学。从语言技能教学转向内容教学是中国英语教学改革的根本出路"。而语言的内容就是思维，语言是思维的载体。"外语学习的结果不但是语言交际能力的提高，更可以是思维方式的拓展，价值观念的重组和人格结构的重塑"，并且只有思维才能从根本上发挥学习者的能动，才能实现新一轮大学英语改革的目标："以学生为中心，从传授一般的语言知识与技能，到更加注重培养语言运用能力和自主学习能力的教学模式的转变。"

（三）"全人"教育、终身教育、教育国际化等教育思想是大学课程体系构建的教育哲学基础

"全人"指全面发展的人。社会发展的核心是为了人的全面发展。"全人"教育思想更加注重素质教育，重视学生创新能力的培养，注意学生的个性发展，因材施教。终身教育思想注重学生学习能力的培养，强调科学方法教育，注重教会学生学习的方法和对学生品格的塑造。教育国际化是现代科技发展和信息化社会的产物。随着科技的不断发展和经济全球化步伐的加快，特别是加入 WTO 后，中国高等教育更加广泛地参与全球范围内的教育服务竞争，高等职业教育开放的力度更大，参与国际交流的地域更广，与外国合作办学的机遇更多，而这一切都要以外语和计算机为基础。大学英语课程体现了"全人"教育、终身教育及教育国际化等教育思想。

※ 二、现状分析

（一）大学英语教学改革亟待寻找新定位

近年来，大学英语教学改革已取得了明显成效：

（1）标准建设取得了重大进步。教育部制定印发了《大学英语课程教学要求》，作为各高校组织开展非英语专业本科生英语教学的主要依据。

（2）教学方法取得了重大进步。充分利用现代信息技术特别是网络技术，构建基于课

堂和计算机的大学英语教学新模式。

（3）项目建设取得了重大进展。全国 100 所高校成为大学英语改革示范点，教育部、财政部"十一五"质量工程的教学团队建设和教学名师评选取得成效。

（4）教师队伍建设取得了重大进步。教师整体学历和教学能力在逐年提高。

（5）四、六级考试改革稳步推进。但是必须看到，大学英语教学改革还存在很多不容忽视的问题，如教学模式相对单一，大学生英语综合应用能力不强，大学生英语学习的积极性、主动性、创造性不强、教师业务水平和教学能力亟待提高等。如何解决这些问题是大学英语改革的新目标。

（二）课程建设的必要性

以学术英语和研究性学习为新定位的大学英语教学改革已经引起了国内外专家的重视。英国语言学家戴维·葛拉多尔（David Graddol）预言："英语仅仅作为一门外语来学习的时代即将结束。学习者需求的变化和市场经济的变化导致英语教学正在同传统的英语教学方法决裂。"英国文化委员会在一项大型英语调查中得出结论：将来的英语教学是越来越多地与某一个方面的专业知识或某一个学科结合起来。在国内，大学英语教学正悄悄地从单纯基础语言培养向实用能力（包括与专业有关的英语能力）培养转移。长学期的基础英语学分已从 16 分降到 9 分，大学英语被压缩到了 3 个学期，而且只有不到 70% 的学生需要学完 3 个学期的基础英语，其余 30% 只学 1~2 个学期，剩下的 1~2 个学期用于选修各种培养英语应用能力的课程。

基于上述教学模式理论和课程构建理论与现状，大学取消了以语言技能强化训练为主的基础英语课程，向大部分非英语专业学生尝试开设了由研究性教学指导的一般学术英语课程。学习内容包括项目研究计划书的撰写、定性定量数据的收集和分析、研究报告的写作和口头汇报，以及个人的反思性总结。该课程建设的必要性表现如下：

首先，可以给大学英语改革带来新的动力。当前大学英语课程教学的主要问题在于大学英语教学仍然以普通基础英语为主要教学内容，不具备实用性和社会交往性，无法适应经济发展的需要，课堂教学内容与就业需要关联不大，无法形成学生主动学习的内驱力；教学方法落后、教学模式陈旧，很少甚至没有吸收学生的自主性、主体性、实践性；教师和学生都无法从宏观上充分看到英语学习的即时价值和意义，把语言学习和社会、经济发展剥离开来。因此，以培养学生学术书面和口头汇报能力为目标的大学英语课程可以给大学英语改革带来新动力。

其次，可以满足新一代大学生对大学英语课程的需求。大学英语课堂上学生沉默、学习懈怠以及出现课上不学、课后上培训班的现象，主要是因为现有大学英语的课程设置和授课方式没能很好地迎合新时代学生的需求。"90 后"的新生代在网络和多媒体环境下长大，他们用于日常交际的英语能力较过去的大学生有很大进步，但是他们的应用能力较弱，双语和全英语专业课要点记录、观点陈述等方面，以及原版教材和专业文献阅读、论文及摘要撰写等方面的语言能力缺失。《大学英语课程教学要求》提出了实施基于计算机和网络的教学模式，强调了培养大学生英语综合应用能力。因此应针对新一代大学生同一时间能承担多重任务，根据感官学习、反馈快速等特点，调整教学定位，为社会培养能熟练使用外语的工程技术人才。

最后，可以推进教师职业化进程。提高人才培养水平，最根本的是提高教师的教学质量；提高大学英语教学质量，最根本的也是提高教师的教学水平。尽管近年来大学英语教师队伍建设取得了稳步发展，但这支队伍的业务水平和教学能力还不能完全适应大学英语教学改革的新要求，表现在观念陈旧、教师角色转变等问题上。因此在新课程体系建设的背景下，教师必然要更新观念、转变角色、提高学术水平和教学水平。

第三章 高校英语教学模式类型

第一节 交际型教学模式

交际型教学模式，即建立在课堂互动交流基础之上的教学模式，它综合运用各种教学元素，如教师、学生、课堂、场景等，通过师生交流、互动活动、互换角色以及范围更广的交际来进行教学。西方学者在二语习得研究中取得的新成果及新思想指出，语言和文化的内在关联属性决定了语言教学在一定层面上就是文化教学；同时强调语言学习的最高目标是为交际服务，以适应和满足跨文化交际的需要。因此，高校英语教学改革与转型的表现之一便是由传统的英语教学模式转向交际型的英语教学模式。

※ 一、交际型教学模式的理论基础

20 世纪以来，英语教学模式一直是以教师为中心，以讲解分析语言知识点作为最普遍的标准教学方法。这一传统教学模式是建立在瑞士语言学家索绪尔的"结构主义语言学"理论基础之上的。在这一理论中，语言被看成一个完整封闭的符号系统，人们注重分析语言结构，强调语言形式，而语言的意义及其社会交际功能却被完全忽视了。

之后，美国语言学家海姆斯的"交际能力"理论给予传统高校英语教学模式极大的冲击。海姆斯提出的语言交际能力具有语法性、可行性、得体性和现实性的特征，这其中除语法性属于语言能力之外，其他三种特征均涉及语用能力，它将语言能力与语用能力结合起来。因此，人们开始逐渐认识到语言学习离不开一定的文化语境，学生不但要习得语言本身，还要习得使用语言的规则，而这种交际中语言使用的规则涉及交际主体国家的交往互动，强调个人自身所取得的经验并非来自外部传授，这就对以往传统的教学模式提出了质疑与挑战。

美国语言学家萨布尔指出，语言脱离其根植的文化后便无法存在。王丽梅认为："交际的成功不仅需要学生掌握足够的语言知识，也需要学生了解目的语国家的文化背景，还要了解文化方面的可接受性和不可接受性。"文化的可接受性和不可接受性，即涉及不同文化背景的人们因不同的行为规范、思维模式、价值取向及语用迁移而造成交际中的文化接纳和冲突。对此，英语教学的最新理念是把跨文化交际能力作为英语教学的最终目的，以免文化冲突的发生。

※ 二、交际型教学模式的优势

交际型教学模式是一种多极主体间的认知交往活动。在语言交际活动中，师生之间、学生之间在不同场景中发生着频繁而密切的联系。交际型教学模式使教学过程发挥更大的功效，比传统的讲授式教学模式具有更多的优势，主要表现在以下三个方面：

1. 学生主动学习

交际型教学模式鼓励学生主动参与教学而不是被动接受教学。学生通过参与教学活动，能主动发现自身和教学中的问题并及时反馈，之后与教师交流解决问题。例如，学生通过团队合作、小组发言、角色扮演、课堂讨论和个人陈述等方式多方面地参与教学活动，改变了课堂完全由教师控制的单一局面，学生不再只是被动听讲。这样学生在主动学习的过程中能够得到认可、鼓励和赞扬，有了成就感之后，学习的热情自然会被激发，学习兴趣和积极性就会被调动起来。

2. 以书本理论转化为学生的交际能力为导向

高校英语教学的目的是实际的交流和应用。然而在传统教学模式下，教师总是抽象地强调理论联系实际，为讲清某一理论观点而举几个具体事例作为证明。这与身临其境的角色扮演、来自实际的案例分析以及学生通过彼此讨论交流，从实际中反思总结出的理论升华相差甚远。交际型教学模式注重将具体、广泛、深入的理论联系实际并转化为学生的交际能力，它以培养学生的交际能力和解决实际问题的能力为目标，使高校英语教学具有应用价值。

3. 学习效果更佳

传统教学模式下的教学信息基本是由教师到学生的单向传递，而在交际型教学模式下，这种单向交流变成了语用情境中师生之间和学生之间的多向互动。学生通过分享课堂教学内容及控制教学进程，能够在与实际密切相连且充满趣味性的场景中更加生动、真实、标准地运用语言，既实现了学即所需，又体现了自我价值。这必然会从整体上提升高校英语教学的质量和学生的学习效果。

※ 三、交际型教学模式中的问题及对策

（一）教师方面的问题与对策

交际型教学模式要求英语教师要具有丰富的语言文化知识、较强的语言比较研究能力和课堂掌控力，然而教学实践反映出高校英语教学中的文化教学并不尽如人意。有学者认为，造成这一现状的原因，是目前中国的绝大多数英语教师仍然是由本土传统英语教学模式培养起来的，亲身体验和深入异域文化的教师少之又少，他们对于外国文化的了解也仅凭书本、影像等媒介。此外，受现行教育体制的影响，外语教师教学水平的衡量在很大程

度上仍取决于学生英语四、六级考试的通过率，这使教师不得不在课堂上以要求学生掌握大量的语言知识点为主要目标，而忽略了文化知识的导入。

由此可知，交际型英语教学模式要求英语教师改变固有观念，提高自身能力，从根本上强化对跨文化交际教学法的准确认识。在教学实践中，教师应该对固有的角色进行重新认识和定位，最好能以多重角色进行课堂教学，发挥不同于以往的作用。其具体做法有如下几方面：

1. 教师要充分发挥想象力和创造力

密切结合实际场景，合理设计课堂教学程序，科学分配教与学的时间和比例，在限定的课时内顺利完成教学任务，有效组织课堂内的多种语言交际活动。

2. 教师要最大限度地发挥组织协调作用

张雪冰认为，在课堂上组织什么样的活动、运用什么样的方法展开、达到什么样的教学目的等，这些都要求教师精心组织。可以说，课堂内的活动能否按教学计划进行、学生反应是否积极、能否融入教学并成为教学主体之一，在很大程度上取决于教师的组织能力。因此，教师要按照教学内容和教学目的使课堂教学紧凑有序，达到最佳的教学效果和水平状态，为挖掘学生的交际能力提供前提和保障。

3. 教师最好成为具有创新意义的合作者

小组辩论、讨论、扮演角色等与实际密切相连、形式新颖多样的课堂活动，可以激发学生学习英语的兴趣。在学生实践上述活动的同时，教师也要广泛、积极地参加学生的活动，而不仅仅只是起到鼓动、指导和旁观的作用。

4. 改变课堂上单一的讲授方式

为给学生在英语学习过程中指点迷津、扫清障碍，教师不能只靠"讲授"这一途径，而要为学生创造各种条件，激发学生的内在学习动机，使他们通过语言的实际应用来学习语言，解决实际问题，锻炼交际能力。

（二）学生方面的问题与对策

根据对非英语专业学生英语学习的动机及课下自学状况的调查，结果发现89%的学生学习英语是为了通过四、六级考试。同时，大部分学生表示不会在课余时间练习英语和学习英语国家文化知识。另外，有学者对大学生跨文化交际能力的自我评估也做了调查，结果显示很多学生对自己的跨文化交际能力持否定态度，其中一部分原因归结于怕犯错误，另一部分原因是内向自卑心理。上述两个调查反映出学生的英语学习中存在两个问题：其一是学习英语的动机单一且具有功利性，学生本身的动力不足并且自觉性差，使得英语文化教学的阻碍加大；其二是学生在面对英语交流时态度并不积极乐观，自身情感的焦虑和自卑心理阻碍了他们的跨文化交流。

针对上述问题，要想真正实现跨文化交际模式下的英语教学，就必须让学生了解英语学习的真正目的是提高其文化素养，并掌握一种跨文化交际技能，此外还要帮助学生建立一种积极的跨文化交际态度。目前，很多高校都采取了充分利用外籍教师来达到跨文化交流的目的，这一方法的弊端是学生在与外籍教师交流时仍有一定程度的隔阂，最好的方法是创造条件使学生与本校留学生交流，这样的收效会更大。

（三）教材方面的问题与对策

在一定程度上，高校英语教材的文化含量直接决定着课堂上文化导入的多少与深浅。从跨文化英语教学的视角出发，有学者对高等教育英语教材做了调研，结果发现教材内容和练习设计均缺乏与跨文化情境的结合，远离跨文化交际实践的需要。针对这一现状，现今英语教材如何改革以及如何利用便成为高等学校英语教学界比较关注的问题。其建议有如下几点：

（1）教材要确保其内容能呈现跨文化交际的特性，引入多元文化内涵，注重学生跨文化交际意识和实践能力的培养。

（2）英语教师和英语教研小组可定期组织编撰有关文化和跨文化类的电子报刊，在校园内面向所有学生发行或发放至学校论坛，以帮助学生扩充跨文化交际知识。

（3）鼓励教师自编讲义授课。需要明确的一点是，靠教材的改革来推动英语教学改革仅仅是一个起点，如何创造性地利用和补充教材才是重点。

目前的交际型教学模式仍处于探索、实践和发展阶段，以上所考虑的问题和面临的改革都只是其中的一个方面。外语教学的目标是帮助学生获得语言交际技能和自主学习能力。交际型英语教学模式基于这一目标，通过课堂内外多角度的多元文化导入，在教学实践的过程中十分重视学生的情感因素，培养学生的文化敏感性和感知力，最终使学生拥有一种辩证的文化意识和对待文化差异的独立判断能力，成功实现跨文化交流。

第二节 "输入—输出"教学模式

"输入—输出"教学模式的提出是为了培养适应国际经济发展和对外交流需要的跨世纪英语人才，教学过程更符合英语学习的客观规律和学科特点，完善科学的教学大纲，有利于培养学生学习英语的能力和建构英语思维的技能。

※ 一、"输入—输出"教学模式的理论基础

"输入—输出"教学模式是以克拉申的"输入假设"和斯温的"输出假设"、语言同化与建构理论以及语言习得理论为理论基础的。

（一）"输入假设"和"输出假设"

美国著名的应用语言学家克拉申认为，"可理解输入"是第二语言习得的唯一途径，并提出理想语言输入应当符合 $i+1$ 公式。这一公式的含义为：i 为现有水平，1 为略高于 i 的水平。教学的主要任务是提供充足的可理解输入，其中包括学生已经掌握的语言知识 i，又包括新的语言知识 1，而 i 和 1 之间的差距是学生学习的动力所在。语言输入材料的难度要稍高于学生现有的水平 i，即 $i+1$，学生为了懂得新输入的话言材料，会求助于以前的知识经验或利用语境、上下文等进行判断。通过努力，学生理解了语言输入中"难以理解的成分"，从而使语言习得取得进步。

斯温提出了"可理解输出"假设。他认为，语言学习过程中应强调语言输出的重要性。输出不仅可以提高语言的流利性，还具有使学生集中注意力、进行假设验证和自觉反思等调整自己学习策略的功能，从而提高使用语言的准确性。说和听同属于一个语篇层次，写和读同属于另一个语篇层次，其中说和写是输出形式，其特点可用"生产性"来表述。他认为，说和写的语言产出性运用有助于学生检验语句结构和词语的使用，促进语言运用的自动化，有效地达到语言习得的目的。

（二）语言同化与建构理论

1. 语言同化理论

所谓"同化"，即接纳、吸收和合并为自身的一部分。同化理论的核心是相互作用观。奥苏伯尔的同化理论强调，新知识的获得主要依赖认知结构中原有的适当观念，新旧观念相互作用的结果导致有潜在意义的观念转化为实际的心理意义，与此同时，原有认知结构也发生变化，这种变化既有质变又有量变。奥苏伯尔强调必须通过新旧知识的相互作用来实现新旧知识意义的同化，进而形成高度整合的认知结构。

2. 语言建构理论

熊英认为，社会建构主义教育理论的要义，就是知识是由个人建构的，而不是从外部注入的。这种建构发生在与他人交往的环境中，是社会互动的结果。社会建构主义对语言教学具有特殊意义。因为对别的学科来说，语言只是一个学习的工具；但对语言学习来说，语言不仅是工具也是学习的目的。作为学习工具，语言习得本身就是一种社会建构过程，它既有建构的特征，又有社会的属性。但作为学习的目的，学习语言就是建构个人知识，因为知识的基础就是语言，知识的心理与外部表征都是以语言为媒介。所以，语言学习不仅仅是学习语言，更重要的是发现它的社会交往价值。因此，有效的教育实践是建立在学生主动理解的基础上，教师作为中介者，应为学生提供富有个人意义的学习经验和学习机会，由学生自己建构知识，并由此学会学习、学会独立思考和独立解决问题，从而为终身教育打下基础。

（三）语言习得理论

美国语言学家克拉申在 20 世纪 70 年代提出的语言习得理论认为，人们掌握一种语言的方式主要有两个：一个是"习得"，另一个是"学习"。所谓"习得"，是指学生通过与外界的交际实践，无意识地吸收到该种语言，并在无意识的情况下正确、流利地使用该语言；而学习是指有意识地研究且以理智的方式来理解某种语言（一般指第二语言）的过程。克拉申的监控假说认为，通过"习得"掌握某种语言的人，能够轻松流利地使用该语言进行交流；而通过"学习"掌握某种语言的人，只能运用该语言的规则进行语言的监控。

※ 二、"输入—输出"教学模式的教学策略

为了提高课堂教学效率和质量，在英语教学模式改革中，必须根据所确定的教学原则，采取相应的教学策略，优化课堂教学过程。

1. 教师指导学生学会学习，体验"习得"

在培养学生英语思维能力的过程中，教的同时还要对学生进行指导，即教师在教授知识的同时，要指导学生学会学习，体验"习得"，强调给学生的信息输入，引导学生操练语言输出，培养学生英语思维的能力。例如：

（1）教师在课前有效指导预习，保证课堂效率。

（2）教师在讲课时把几个单元的课文当作一个整体，讲解时进行重新组合排列，使学生感受整体的语言情境，要求学生讨论、对话、叙述、表演，在创造的语言情境中掌握语法。

（3）课后，教师可以要求学生听原声带，复现、体会课堂所学知识；还可以要求学生上网查询相关资料，完成课后的书面写作。

（4）学生可以将文章写在作业本上，也可以写成电子稿通过网络发给教师。教师针对文章进行批改和指导，可以让学生互相批改，还可以通过软件批改文章。

2. 引导学生在课堂上完成知识联网，丰富和完善学生的英语认知网络

学生的层次不同，教师要用不同的方法帮助他们联网。比如，A 层次的学生以自学为主，如讨论式、质疑式学习；对于 B 层次的学生，教师要有计划地帮助他们"滚雪球"，逐步积累，要特别注意"温故而知新"。这样的方式给每个学生都创造了参与的机会，学生的讨论、对话、表演要大量运用学过的词汇、句型，促使新旧知识自然相连，达到积累、巩固的目的。

3. 课外学习的管理策略

教师可以推荐一些外文原版名著，让学生自读，并且鼓励学生与外国学生结交"笔友"。此外，还可以加强英语学习与现实生活的联系，经常摘录一些英文杂志的内容给学生阅读，鼓励学生收看英文电视节目，努力使学生的学习与获取日常生活中的各种信息结合起来。

※ 三、"输入—输出"教学模式中的问题

与传统教学模式相比，"输入—输出"教学模式有一定的优势，但也有自身的问题。

1. 在实际操作上，语言的输入与输出仍存在不均衡状态

很多学生在学习的过程中依然存在这样的问题：只是停留在对知识点掌握的层面，比如只是单纯地去记忆语法、单词、句型，不能很好地把所学到的知识变成自己的技能。熊英认为，造成这种现状的原因有两个：

（1）从深度上讲，学生所掌握的知识点不够，没有达到量的累积，也就很难达到质的飞跃。

（2）从广度上讲，缺乏从知识点向技能转换的环节。学生需要完成"听读"这两个输入环节，但听和读的量仍然不够，并且对于"说写"这两个输出环节把握得不够，无法顺利地完成由听、读向说、写的转换。

为解决这一问题，最有效的办法就是让学生在听、读两个先行环节大量汲取知识，同时以说、写为主体，逐渐提高交际能力。

2. "输入—输出"教学模式的应用，有可能造成学生两极分化的现象

这就要求教师必须关注学困生的学习，积极采取措施帮助他们，避免让这部分学生掉队。

"输入—输出"教学模式是在大规模实施计算机辅助英语教学的初级阶段提出的，它既是一种大胆假设，也是一次勇敢尝试，而对于该模式下教学活动的具体设计和操作更是有待细化和研究的重要问题。任何一种教学模式都有自身的优点和不足，只有汲取各家之长，才能找到适合自己的教学模式。

第三节 分级教学模式

高校英语分级教学模式，本着因材施教、提高教学效果的原则，根据学生个体实际英语水平及其接受英语知识的潜能，将学生划分为不同层次，在此基础上确定不同的培养目标，制定不同的教学目标、教学方案、教学计划、学生管理制度等，采用不同的教学方法进行教学活动，在讲课、辅导、练习、测验和评估等方面充分体现出层次性。总之，分级教学的最终目的是让学生在各自不同的起点上分别得到进步和发展。

※ 一、分级教学模式的理论基础

分级教学是以克拉申 $i+1$ 语言输入假设理论、学习迁移理论和布鲁姆的掌握学习理论为理论基础的，下面具体讲述这三个理论的内容。

（一）克拉申 $i+1$ 语言输入假设理论

美国著名的应用语言学家克拉申提出的"输入假设"理论为高校英语分级教学提供了理论支持。$i+1$ 语言输入假设理论与分级教学的相关性有以下两方面：

1. 从课程理论角度来看，$i+1$ 理论注重学习的结果和目标的达成，集中反映了循序渐进的观点，即强调学习的步骤、方法和过程。$i+1$ 理论不仅注重知识的获得，而且特别强调学生获得知识的方法，这正是高校英语分级教学的精髓和理论基础。

2. 从教学实践来看，分级教学就是针对学生不同的语言技能、认知风格、动机、态度和性格等个体差异施行不同的教学目标、教学要求、教学方法和教学评价。这与 $i+1$ 理论的内涵是一致的。

（二）学习迁移理论

所谓学习迁移，即一种学习中习得的经验对其他学习的影响。其本质是原有的知识在新的学习情境中的运用。但凡一种学习对另一种学习能够起促进作用的，都称为正迁移；只要一种学习对另一种学习起干扰或抑制作用的，都称为负迁移。众多理论学家针对学习迁移的问题提出了不同的看法，从而形成了各种各样的学习迁移理论，其中的"认知结构说"从心理学角度阐明了我国高校英语分级教学的必要性。

1. 认知结构迁移理论的内容

认知结构迁移理论是奥苏伯尔根据他的"有意义接受学习理论"发展而来的。奥苏伯尔认为，认知结构就是学生头脑内的知识结构。认知结构变量就是学生需要应用他们原有知识来同化新知识时，他们原有认知结构的内容方面的特征和组织方面的特征。奥苏伯尔提出了影响新知识学习与保持的三个认知结构变量，通过操纵与改变这三个认知结构变量可以进行新的学习与迁移。

2. 认知结构迁移理论对高校英语分级教学的启示

奥苏伯尔的认知迁移理论从心理学角度为我国高校英语分级教学提供了理论依据。学生对原有知识的理解、巩固度和对知识的可辨别性越高，越能使认知结构具有系统、清晰和稳定的特点，这有利于学习的正迁移。因此，把对原有知识掌握水平相当的学生安排在一起组织教学，合理安排适合学生学习能力的教学内容，能够促进学习的正迁移，使学生的学习顺利进行，教学也能取得好的效果。

（三）布鲁姆的掌握学习理论

美国心理学家布鲁姆在掌握学习理论中指出，许多学生在学习中未能取得优异成绩，其原因不是学生智慧欠缺，而是由于没有设施完备的教学条件和合理的帮助造成的。如果提供适当、合理的学习条件，绝大部分学生在学习速度、学习能力、进一步学习动机等方面都会变得十分相似。实施分级教学确保我们采用多样化、个性化的教学手段，最大限度地挖掘学生的潜能。由此可以看出，现代心理学研究结果也为分级教学提供了理论依据。

※ 二、分级教学模式的原则

教学原则是根据教育目的和教学过程的客观规律制定的，是教学中必须遵循的基本要求和指导思想。分级教学是"循序渐进原则"和"因材施教原则"在教学中的具体运用，是顺利完成教学任务的重要保证。

（一）循序渐进原则

循序渐进原则是由宋朝朱熹总结得出的，《朱子大全·读书之要》中记载了他的读书方法在于"循序而渐进，熟读而精思"，"未得乎前，则不敢求其后，未通乎此，则不敢志乎彼"。循序渐进的原则是指教师在传授各门学科的基础知识时，既要按照各门学科知识体系的内在规律和顺序进行系统的教学，又要采取相应年龄阶段的学生能够接受的形式进行教学。分级教学使教师得以在学生英语知识体系的基础上进行教学，采取适合他们的教学方法。教师的教学方法得当，才能使学生在学习上循序渐进，逐步提高语言知识和技能水平。

（二）因材施教原则

因材施教原则是指教师要从学生的实际出发，"有的放矢"地进行教育。孔子是因材施教的首创者，他指出"柴也愚，参也鲁，师也辟，由也喭"，而在具体教学中因材而教之。朱熹概括为"孔子教人，各因其材"，由此产生了因材施教的说法。由于教育、环境、学生本身的实践等方面的不同，学生之间必然存在差异性，我们在教学的时候必须充分考虑这种差异性，一定要具体情况具体分析。随着大学教育的普及，越来越多的学生有机会进入高等院校继续学习，但有一个不能忽视的事实是学生的英语水平参差不齐。如果把英语水平悬殊的学生安排在同一班级，教师难以根据学生的特点和个性进行因材施教，很容易出现成绩好的学生"吃不饱"、成绩差的学生"吃不消"的尴尬教学局面，结果是"教师白费力，学生不受益"。而分级教学从学生的实际情况出发，承认个体差异，为每个学生的充分发展提供了条件。

※ 三、分级教学模式的实施

分级教学模式的实施，可以从以下几方面着手：

1. 合理、科学地分级

分级教学是按照不同的级别制定不同的教学目标，不要求所有的学生达到同一目标。因此，级别设置得科学与否，是分级教学能否最终实现教学效果的前提。为了做到统一考核分级的科学性，我们需要有科学的分级试题和分级标准。分级试题应以《大学英语课程教学要求》规定的各级词汇量为基础，设题要有层次，基本要求题和较高要求题均要涉及，同时逐年积累多套成熟的分级试题。分级标准应采取个人意愿与统一考核分级相结合、实际水平与考试结果相结合的原则。另外，为了调动学生的积极学习情感，将学生分为 A、B 级两级班比较合理。利用周末的时间给 B 级班中基础较差的学生补课，由此可缓解基础差的学生的心理压力，不少 B 级班学生中的差生增强了学好英语的信心，到了期末能和 A 级班的学生在同一起跑线上竞争。

2. 提高分级的区分度

很多高校分级分数线的设定都根据高考成绩和摸底考试的分数来分级，但每次分级后，有些学生往往因为一分之差没有进入 A 级班，这一分的差距的确难以说明英语水平的高低。因此，为了提高区分度，可以让学生自己参与分级，实行双向选择。其具体方法依然是参考高考和摸底测试的成绩，同时公布各个级别的不同起点，听、说、读写各方面的学习要求和最终目标，学生可以根据自己的学习兴趣申请对应的级别，由学校最终审定。学生最清楚自己的英语水平和学习兴趣，他们由被动选班变为自主择级，必然能增强学习英语的积极性和自觉性。

3. 贯彻好升降级调整机制

升降级调整机制是指根据选拔和自愿的原则，在一定范围内定期调整学生的级别，使学生的级别随着学习的兴趣、成绩以及能力的变化而变化。落后者降档，能给予适当的压力；进步者升级，能给予一定的激励，有助于提高学生学习的积极性和主动性。

4. 制定科学的评价标准

为了检测教学效果，在分级教学模式下，各级别一般采用不同难度的试卷，这就很容易造成一种不良现象：英语水平高的学生英语成绩竟然低于部分水平低的学生。针对这一现象，可以在分级教学的考核管理上增加平时表现在总评成绩中所占的比重，加强试卷命题的科学性，最后利用形成性评价与总结性评价相结合的方式来确定最终成绩。此外，还可以根据各级别试卷的难度引入加权算法，设定一个科学的系数，整体调整 A 级班或者 B 级班学生的分数。

5. 尽量避免负面影响

作为改革中的新事物，分级教学在组织和管理方面存在着一些固有的缺陷，如学生容易产生心理波动、集体归属感不强、组织管理的操作过程过于复杂、学生考勤难以控制等问题，这些问题必然会影响分级教学的效果。因此，教育管理者需要制定相应的规范制度，大力发扬分级教学的优势，尽量避免其带来的负面影响。

※ 四、分级教学模式的优点

分级教学是我国高校英语教学改革的一项重大举措，其施行的优点有如下几方面：

1. 有利于贯彻落实《高校英语课程教学基本要求》，培养学生实际使用英语进行交际的能力，使他们在涉外交际的日常活动中能进行简单的口头和书面的信息交流，以满足我国经济发展和国际交流的需要。

2. 能够满足不同层次英语水平学生的求知需要，为他们搭建更好地展示自己英语才华的平台，充分发挥他们各自的优势，顺利完成高校英语基础阶段的学习，全面提高他们运用语言的能力。

3. 分级教学从根本上改变了重"教"轻"学"的现象，充分体现了"以学为本"的教学新理念，从而使高校英语教学从耗时低效进入省时高效的新时期，标志着我国高校英语教学从传统的教学模式向现代教学模式的转变。

※ 五、分级教学下的学习焦虑问题

分级教学打破了传统以专业为基础的行政班级教学模式，导致学生之间陌生感和交流障碍的激增；同时，分级教学的升降级制度又会使部分学生承受更大的心理压力。由此可见，分级教学引入的竞争机制使各个层次学生出现了或多或少、或长期或短期的心理压力和焦虑情绪。

（一）学习焦虑的表现

学习焦虑是一种特定情境下的焦虑，是学生因英语学习过程的独特性而产生的一种"与课堂语言学习相关的自我意识、信仰、情感和行为的情结"。根据霍维茨等对外语学习焦虑的研究，外语学习焦虑大体表现为以下三种形式：

1. 交际畏惧

交际畏惧是指学生对真实的或预期的交际活动所产生的恐惧或焦虑心理，典型的行为模式是交际回避和退缩。

2. 考试焦虑

考试焦虑主要源于对考试失败的恐惧，是学生因担心在考试中发挥不好可能带来的种种不良后果而导致的恐惧心理。

3. 负评价恐惧

负评价恐惧更多地表现为一种预期心理，它是学生因他人可能会对自己做出负面评价而产生的畏惧感和沮丧的心理。

（二）学习焦虑的根源

分级教学是对传统英语教学方式的一次革命，其核心是竞争机制的引入。因此，分级教学会导致学生学习过程中新焦虑源的产生。

（1）学生在开始学习高校英语之前首先面临的就是分级考试，面对这样一种区分英语水平高低的考试，学生会承受一定程度的考试焦虑。

（2）对于很多学生而言，分级教学会使原本在其他课程上和自己水平相当甚至不如自己的学生进入更高级别的英语班级学习，以往只在一个自然班级内部存在的某一门学科学习水平的差异，会因分级教学扩大到整个学院乃至整个学校，他们会因此而承受着"自己不如别人"，甚至"别人可能会看不起自己"的负评价恐惧心理压力。

（3）分级教学模式下，学生除了要面对伴随着期末考试而来的升级或者降级的压力，还要去适应流动的班级同学、不同的授课教师以及不同教学风格的变化。

（4）分级教学会使一些学生提前修满学分并根据个人兴趣选修一些课程，从而在更高层次上提高自己的英语水平，这一机制的调整会在学生之间造成心理上的不平衡。

（5）课堂活动形式、教师的教学观念和方法、师生之间的交流、教师纠正错误的方式等外部因素同样会导致学生语言学习焦虑的产生。

（6）学生自尊心的强弱、对竞争的适应力、对学习过程中模糊现象的宽容度等因素，都会引起学生在语言学习过程中产生焦虑的心理。

（三）学习焦虑对分级教学的启示

焦虑是英语学习过程中不可避免的一种情感因素。在高校英语分级教学过程中，教学管理人员和教师要针对不同层次学生焦虑的具体原因，采取相应措施，最大限度地降低学生的焦虑情绪。

（1）在分级教学之初，教师首先应该让学生充分了解与认识对于实施高校英语分级教学的必要性以及已经取得的教学效果。当学生对这种教学模式有了充分的了解之后，就不会对这种新的教学模式产生排斥心理。

（2）教学管理人员在实施分级教学时要坚持"两头小，中间大"的原则。"两头小"是指分入较高级和较低级班级的学生的比例要小。"中间大"是指进入中间级别班级的学生比例最大。

（3）在分级教学过程中，授课教师对学生焦虑心理的关注、理解与及时疏导，将有利于减少焦虑，提高教学效果。构建融洽的师生关系、增进师生间的情感交流和相互理解是降低学生英语学习焦虑的有效途径。

总而言之，教学管理者在分级教学中的各种减压措施，都有利于学生降低并逐渐克服分级教学后的焦虑心理，从而更加充分地发挥分级教学的优势。

第四节　网络教学模式

随着计算机网络技术在高校英语教学中应用的不断深入和扩展，网络教学模式在具体操作的过程中积累了各种经验和教训，而这些都促进了对网络英语教学理论和实践的深入探讨和研究，既有助于解决当前实践中的问题，也为今后的发展指明了方向。

※ 一、网络教学模式的定义

要明确网络教学模式的定义，首先要搞清楚模式和教学模式的定义。模式是依据一定的理论基础表征现实活动和过程的一种模型或形式。模式代表某种对象活动结构或过程的范型，因而既有某种对象活动结构或过程（所谓的表象），也有内涵（理论基础），其本质是理论和实践所构成的某种概括模型。所谓的教学模式，是指在学习环境设计理论与实践框架指导下，为达成一定的教学目标而构建的教学活动结构和教学方式。根据以上两个概念，张红玲等对网络教学模式做了如下定义：网络教学模式是在一定教学思想和教学理论指导下，依托计算机网络技术，为达成一定的教学目标而构建起来的较为稳定的教学结构框架和教学方式。

※ 二、网络教学模式的理论基础

任何教学模式的建构都必须依据一定的教学理念和理论，网络教学模式也不例外。

（一）语言监控理论

随着网络技术和资源辅助英语学习的趋向越来越明显，研究者纷纷从不同角度来研究和探讨网络技术对英语学习辅助作用的理论基础，其中克拉申的第二语言习得理论中的语言监控理论是研究使用网络技术辅助英语学习必须依据的原理之一。

语言监控理论认为，在第二语言习得中，习得比学习更重要。习得语言必须具备两个条件：一是能够理解的语言材料应该是"$i+1$"，即学生在现有的语言水平基础上略提高一步的输入，且输入应该能被学生所理解；二是心理障碍应该小，这样才能使输入易于吸收。克拉申认为，第二语言习得有两方面的途径：一方面是学生把注意力有意识地集中在目的语的形式特征上，即"有意识地学习"；另一方面是学生运用下意识的过程，在运用目的语进行真正的交际时，注重的是意义而不是语言形式，即"潜意识的习得"。习得是主要过程，学习只是以"监控者"的身份运用自己学到的语言对所说的话起一种监控和修正的作用。

克拉申的第二语言习得理论中的语言监控理论所强调的输入语、习得、降低情感障碍的思想对于第二语言习得研究者有很大的启发。因此，把克拉申的语言监控理论运用于高校英语网络教学，探讨语言监控理论与高校英语网络教学之间的关系，以及基于此理论指导下的网络教学模式应该怎样进行，是非常有必要的。

（二）输入假设理论

克拉申认为大量的语言输入是语言习得机制发挥作用的必要条件。同时，他强调这种语言输入必须是有效的。有效的语言输入应具有可理解性、趣味性、非语法程序安排、足够的输入量等特点。此外，他认为语言输入全部是习得者能够很容易理解的材料也是不可取的，这将无法起到激发学生兴趣和动机的作用。

克拉申指出："为使语言习得者从一个阶段进入另一个更高的阶段，所提供的语言输入中必须包括一部分下一阶段的语言结构。"这样，学生可根据自己的水平通过不断地努力以及吸收所接触的语言材料，逐步提高其使用目的语的技能。克拉申特别强调，语言习得是通过理解信息，即通过接收"理解性输入"而产生的。这就是说学生一定要能够理解输入的语言材料，这些材料不能过于复杂，否则学生就会把注意力集中在语言的形式上，而无法集中在语言交流的意义上。一旦学生将他们的主要注意力放在理解语言的结构和复杂的概念上，语言输入就在一定程度上失去了其真正的目的。

网络教学模式是在现阶段我国英语学生语言输入环境不足的情况下诞生的，反映了学生的需求。相对于传统课堂而言，网络技术提供的巨大资源库和与教学软件相关的各种链接，极大地弥补和扩充了传统课本在内容和形式方面的不足，为学生提供了广阔的学习空间，增加了学生的语言输入。

（三）建构主义教学理论

20 世纪 60 年代，瑞士学者皮亚杰提出"建构主义"这一概念，它属于认知心理学派中的一个分支。对于建构主义教学观而言，其与传统教学观的根本区别是对知识和教学主体作用的不同看法。传统观点认为，教育的目的是把前人所获得的知识传递给学生，学生是知识的被动接受者；建构主义则认为学习是以自身已有的知识和经验为基础的建构活动，每一项新的学习活动都与学生已有的知识和经验直接相关。建构主义理论倡导的学习不是由教师将知识传递给学生，而是由学生自己建构知识。学习不是被动接收信息，而是主动地参与新信息的认识与理解的过程。

从上述理论可以看出，建构主义教学理论注重以原有的经验、心理结构为基础来建构知识，突出强调学习的主动性、社会性和情境性。杜秀莲认为，学生要成为意义的主动建构者，就要在建构意义的过程中用探索、发现等多种方法主动去搜集并分析相关的资料和信息，要把当前学习内容所反映的事物和自己业已知道的事物相联系。

教学理念和教学理论是网络教学模式的灵魂，也是构建网络教学模式的基石。但历史发展的实践过程和逻辑论证都表明，没有哪一种教学理念或理论是完全正确的，每种理论都有优点和不足，因而都有其适用的领域。因此，我们在确定网络教学模式的理论指导之前，首先要正确理解各种思想理论的优点和不足以及适用的教学环境，然后根据自身的教学条件做出合理的选择。

※ 三、网络教学模式的分类

基于不同的分类标准出现了不同的网络教学模式的分类。每一种分类都有其依据和特点，这里以网络英语教学模式的教育学基础为出发点，以我国教育技术专家祝智庭教授提出的信息技术环境下教学模式类型为参考，来探讨网络外语教学模式的分类。

（一）网络自主接受模式

网络自主接受模式一般由三种要素构成：学生个体；学习内容，指的是网络课件，通过网络传输的，由计算机作为媒介呈现的图文、声像等语言材料内容；学习指导者，指的是计算机和教师。

网络自主接受模式所传递的主要是客观类的知识和技能，训练主要以选择、填空、拖动配对等具有明确答案形式的问题为主。通过设定计算机的识别和反馈程序，可以自动批改和矫正学生的错误并提供解答。另外，还可以设定计算机程序，使之自动探测学生的学习背景和学习风格等，然后提供适合的学习材料和学习路径等，这里我们可以把计算机称为"智能导师"，因为它实际上扮演了教师的角色。而对于学生在学习过程中遇到的各种问题，尤其是一些个性化的难题，以及人际情感沟通方面的问题，则需要教师通过网络交流工具（如学习论坛）来帮助学生解决。

（二）网络自主探索模式

网络自主探索模式的一般构成要素有以下几种：①学生个人；②任务 / 问题：③参考资源；④教学指导者。

在这一模式中，学习的主要目标是提升学生的语言应用能力，以完成某一具体完整的语言任务或针对某些问题阐明自己的观点作为学习的主要内容。在整个学习过程中，一方面学生可以参阅网络资源或图书列表，另一方面教师会通过电子邮件、论坛等交流工具检查并督促学生的进度，指导学生自己解决遇到的问题，并给予必要的评价和总结。

（三）网络集体传递模式

网络集体传递模式的一般构成要素如下：①学生群体；②学习资源；③教学指导者。

这一模式一般有两种教学过程。其一是完全虚拟的网络课堂，教师和全体学生在约定的时间登录属于他们的网络"班级"，教师在虚拟的网络课堂上讲解新课学习内容，组织练习、讨论等活动，对于学生的提问给予必要的反馈指导；其二是自学加集体指导型，学生选择自己方便的时间自主观看教师布置的学习资源，比如一些多媒体课件，然后教师通过网络实时教学系统为学生提供集体指导、讲解和答疑。

（四）网络协作探究模式

网络协作探究模式的一般构成要素包括以下几方面：

（1）学生小组。在小组中，学生的任务是进行小组自主分工、制订协作计划、定期自查、完成计划、总结发言并提交作品。

（2）任务 / 项目。这是网络协作探究模式的核心要素，主要教学理念是让学生通过使用目标语言合作，完成较为复杂的项目或任务，提高自身的语言综合应用能力和团队协作能力。

（3）参考资源。

（4）教学指导者。这里的教学指导者即教师，在项目或任务的完成过程中教师给予必要的引导。

　　这种教学模式的宗旨就是构建一个虚拟的真实任务情境，帮助学生在这个情境中通过使用目标语言来提高外语水平。任务 / 项目的选择视学生的兴趣和掌握语言程度而定，如果学生小组的语言应用水平比较低，那么在设计任务、项目时也要与学生的语言能力水平相适应，不能相差太远。

第四章　高校英语教学改革的方向与趋势

第一节　高校英语教学改革的方向

2003 年教育部启动的高校英语教学改革已走过 16 个年头。在这期间，高校英语的教学目标从"培养学生较强的阅读能力和一定的听、说、写、译能力"转向"培养学生的英语综合应用能力，特别是听说能力"，教学模式"从单一的教师讲授"转向"基于计算机网络的多媒体教学"。这一改革对提高学生的听说能力、培养学生的英语综合应用能力起到了积极的作用。但是，随着大学新生入学英语水平的提高以及高等教育国际化的普及，高校英语教学内容的改革成为人们关注的焦点。一些学者纷纷呼吁 ESP（专门用途英语）应该成为我国新一轮高校英语教学改革的方向。他们的论点明确，论述充分，令人信服。但是，其中也出现了范畴不一、术语混乱等问题。这些问题如果不厘清，有可能影响 ESP 教学与研究在国内的发展，给高校英语的教学带来负面的影响。鉴于此，本节试图对 ESP 与高校英语教学的关系做进一步的探讨，对 ESP 能否成为高校英语教学的方向做进一步的论证。

※ 一、ESP 的概念、特征和目的

ESP 是 English for Specific/Special Purposes（专门用途英语）的缩写，中外学者对于 ESP 的概念有不同的表述。

最早提出 ESP 概念的英国学者韩礼德（M.A.K Halliday）认为："ESP 是公务员的英语、警察的英语、法官的英语、药剂师和护士的英语、农业专家、工程师及装配工的英语。"英国学者 Mackay 认为："ESP 是指有明确实用目的英语教学，这种目的和职业要求紧密相连。"英国学者汤姆·哈金森（Tom Hutchinson）和沃特斯 (Alan Waters) 认为："ESP 作为一种语言学习方法，其教学内容和教学手段都取决于学习者的目的。"他们还认为："ESP 是指与某种特定职业或学科相关的英语，是根据学习者的特定目的和特定需要而开设的英语课程。"国内著名 ESP 教学专家卢思源认为："ESP 是应用语言学的一个分支，它是指专为科技人员和商贸工作者的某些特殊需求而设计的英语教学方法和教材。"冯建中认为："ESP 指与某种特定职业或学科相关的英语，例如，警察英语、护士英语、科技英语、商务英语、医学英语、法律英语等。"学者任荣政和丁年青认为："ESP 指与特定职业或学科

相关的英语，如法律英语、医学英语等。"

尽管以上学者对 ESP 概念的表述不完全相同，但是我们可以从中归纳出两个共同特征：（1）ESP 和某种职业或学科紧密相连；（2）ESP 的学习者有明确的目的。

1985 年 4 月，ESP 教学专家彼得·斯特雷文斯（Peter Strevens）在斯里兰卡 ESP 国际研讨会上曾指出，ESP 有四个根本特征（absolute characteristics）和两个可变特征（variable characteristics）。ESP 的四个根本特征是：（1）需求上，课程设置必须满足学习者的特定需求；（2）内容上，与特定学科或职业相联系；（3）语言上，适合相关专业或职业的句法、词汇和语篇上；（4）与通用英语（EGP）形成对照。ESP 的两个可变特征是：（1）可以只限于某一种语言技能的培养（如阅读技能或口语交际技能）；（2）可以根据任何一种教学法进行教学。

综观国内外学者有关 ESP 的概念，不难看出 ESP 是一种行之有效的教学途径，它是以应用语言学的理论为依据，以学生的特殊需求为出发点制定教学目标、教学内容和教学方法，其目的是培养和提高学生在所学的专业领域用英语进行学习和交流的能力，在所从事的行业里用英语从事工作和沟通的能力。说得直白一些，就是培养学生用英语完成任务的能力，突出英语的工具性。

※ 二、ESP 的分类

根据不同的标准，ESP 有不同的分类法。目前国际上比较著名的是乔登·彼得森（Jordan Peterson）根据使用目的所做的两分法和汤姆·哈金森（Hutchinson）、沃特斯（Waters）依据学科门类所做的三分法。

Jordan 按照使用目的把 ESP 分为以满足职业需求为目的的职业英语（EOP）和以学术研究为目的的学术英语（EAP）。学术英语又进一步分为通用学术英语（EGAP）和专用学术英语（ESAP）。而 Hutchinson 和 Waters 则是按照学科门类把 ESP 分为科技英语（EST）、商务英语（EBE）和社科英语（ESS）三大类。它们又分为职业英语（EOP）和学术英语（EAP）。很显然，Jordan 的二分法较三分法更为简洁。

国内学者在 ESP 的分类上分歧很大，有的甚至截然相反。蔡基刚、冯建中、李建平都赞同 Jordan 的两分法。文秋芳虽然采用三分法，但是她的三个分类是职业英语（EOP）、学术英语（EAP）和学科英语（EDP）。而王丽娟的分类则截然相反，她认为，通用英语（EGP）和专门用途英语（ESP）都归属于学术英语（EAP）；夏纪梅认为，商务英语（EBP）、职业英语（EOP）、科技英语（EST）、某专业英语（E·P）等，其实这些都属于学术英语（EAP）。此外，国内学者对 ESP 一些术语的翻译也不一致。2010 年，蔡基刚把 EGAP、ESAP 和 EOP 分别译为"学术英语""专业英语"和"行业英语"，并把这三门课程之和称为 ESP"专门用途英语"。在同一年的另一篇文章中，蔡基刚又把 ESP 译为"学术英语"，把 EAP 译为"一般学术英语"。2012 年，蔡基刚把 ESAP 译为"特殊学术用途英语"。2014 年，蔡基刚把 EAP 译为"学术英语"，把 EGAP 和 ESAP 分别译为"通用学术英语"和"专门学术英语"。夏纪梅把 EGAP 译为"通用性学术英语"，把 ESAP 译为"专业性学术英语"。文秋芳把 ESP 译为"专用英语"，而且还提出了一个"学科英语"的概念，并解释说"学科英语"更适合由专业课教师负责，例如，生物英语、计算机英语、化学英语等。中国战略研究中心的沈骑则把 EAP 译为"学业英语"。由此看来，国内学者在 ESP 的分类和术语的翻译上还存在很大的分歧和混乱。这些分歧和混乱必然会影响 ESP 教学与研究在中国的发展，影响高校英语教学目标的实现。

那么到底应该怎样翻译这些术语？按照什么标准对 ESP 进行分类？我们认为学术界应该在这些术语的翻译上达成共识，统一名称。翻译的原则应该是：保留原有约定俗成的译名，新出现术语的翻译在简洁、达意的前提下以多数学者认可的译名为准。我们的译文如下：

EGP（English for General Purposes）：通用英语

ESP（English for Specific/Special Purposes）：专门用途英语

EOP（English for Occupational Purposes）：职业英语

EAP（English for Academic Purposes）：学术英语

EGAP（English for General Academic Purposes）：通用学术英语

ESAP（English for Specific Academic Purposes）：专用学术英语

从文秋芳对"学科英语"的解释来看，她提出的"学科英语"就是传统的"专业英语"，我们译为 SBE（Subject-based English）。

如前所述，不同的标准导致 ESP 的不同分类。如果从纯学术研究的角度对 ESP 进行分类，分类越细越好，因为只有这样才能把不同语体、不同类别英语的特点研究透彻，辨别清楚。但是从高校英语教学的角度来看，我们认为不宜分得过细，应该按照目的性、简洁性、可操作性三个标准对 ESP 进行分类。目的性是指分类要有利于高校英语教学目的的实现；简洁性是指分类要简洁明了，清楚易懂；可操作性是指分类要切实可行，易于操作。

《大学英语教学大纲》虽然没有明确提出"ESP"这一概念，但在教学要求中体现了 ESP 教学的内容，规定学生在高年级必须修读"专业英语"，即 ESP 课程。对于职业英语（EOP）。本节暂不做讨论。我们没有把 ESP 中的"学术英语"再细分为"通用学术英语"和"专用学术英语"的理由如下：

1. 理论上缺乏依据

国内学者把学术英语（EAP）分为通用学术英语（EGAP）和专用学术英语（ESAP）。其根据是国际上颇有争议的"ESP 语言共核理论"。该理论的倡导者认为"在不同学科中使用的语言具有共同的推理和解释过程，存在一种既有科学性但又不属于任何专门学科的语言共核"。他们主张打破专业界限，以 ESP 交际的一般规则和通用技巧为主要授课内容。反对"ESP 语言共核理论"的学者则强调，即使是报告、讲座等常见体裁在不同学科环境下也具有显著的表达差异，因此提倡更有专业性、针对性的 ESP 教学。而学者海蓝德（Hyland）利用语料库数据最终证明后一种观点是正确的。各个专业都有自己独特的知识体系和专业术语，即使一个"共核词汇"。在不同的专业中，其词义也大不相同。所以我们认为，各学科共有的"ESP 语言共核"实际上是不存在的。如果存在，它和"通用英语"的分界线又在哪里？"通用英语"和"专门用途英语"之间的分界线都难以把握，正如安东尼（Anthony）所言："Clearly the line between where General English courses stop and where ESP courses start has become very vague indeed, and however, it can be inferred that in ESP teaching, more attention is given to the need analysis." 那么，"通用学术英语"和"专用学术英语"之间的分界线就更难辨析了。

"通用学术英语"侧重各学科英语中共性的东西，即培养学生在专业学习和研究中所需要的学术英语口语交流能力和学术英语书面交流能力；"专用学术英语"侧重特定学科（如医学、法律、工程等学科）的词汇语法、语篇体裁以及工作场所英语交流策略和技能的培养。根据"通用学术英语"和"专用学术英语"的定义并着眼于高校英语教学，我们认为，把"通用学术英语"归属于"通用英语"，因为"通用英语"已经包括了"通用学术英语"的内容；把"专用学术英语"归属于"专业英语"，因为任何一门专业英语课程都是从易到难、从简单到复杂、从初级到高级循序渐进的。而且，一般的专业英语教材也会介绍本专业英语的词汇、语法、语篇等特点。

2. 实践上难以操作

即使"学术英语"分为"通用学术英语"和"专用学术英语"在理论上是存在的，在实际教学中也是难以操作的。有些学者明确表示，大学里的 ESP 教学主要是"学术英语EAP"。而"学术英语"教学主要指"通用学术英语 EGAP"，即培养学生学术英语交流能力，如用英语听讲座和记笔记的能力，搜索和阅读文献的能力，撰写文献综述、摘要和小论文的能力，以及表达信息的陈述演示能力等。由此推理，高校英语教学的主要内容是"通用学术英语"，而不是"专用学术英语"。那么，是不是学习了"通用学术英语"之后，学生就可以阅读专业英语了？如果不行，我们是否还要给学生开设"专用学术英语"？在课程设置上搞两个学术英语：学术英语 1（通用学术英语）和学术英语 2（专用学术英语）？显然这是很难操作的。即使著名英语教育专家文秋芳也回避了这个问题，她在《高校英语中通用英语与专用英语之争：问题与对策》一文中说：本节中所用"学术英语"等于《上海市大学英语教学参考框架》中的"通用学术英语"，不包括"专用学术英语"。上文谈到，文秋芳对 ESP 的分类只到"学术英语"这一级，没有再细分为"通用学术英语"与"专用学术英语"。从高校英语教学的角度来看，她这样做肯定是有其道理的。实际上，通用学术英语的教学内容完全可以融入通用英语教学。通用学术英语的"阅读学术文献能力"可以通过通用英语的阅读课来培养，通用学术英语的"撰写论文能力"可以通过通用英语的实用写作课来培养。

其实，在教学实践中是教授"通用学术英语"还是"专用学术英语"，是各国 EAP 实践者长期争论不休的问题。Jordan 于 1984 年曾试图用经济学专业英语教材教授学生，但以失败告终。因为他发现这些 ESP 学员的专业知识虽然达到了一定的水平，但他们的英语水平仍不高，从而影响了 EAP 教学。此外，EAP 课堂的学生通常来自不同的专业，任何一门专业的教材都很难适合所有学生。

※ 三、ESP 教学能否成为高校英语教学改革的方向

要回答"ESP 教学能否成为高校英语教学改革的方向"这一问题，首先要明白 ESP 教学能否帮助我们实现高校英语的教学目标。那么，高校英语的教学目标是什么？

1999 年颁布的《大学英语教学大纲》指出，高校英语教学的目的是培养学生具有较强的阅读能力和一定的听、说、写、译能力，使他们能用英语交流信息。高校英语教学应帮助学生打下扎实的语言基础，掌握良好的语言学习方法，提高文化修养，以适应社会发展和经济建设的需要。

2007 年颁布的《大学英语课程要求》指出，高校英语的教学目标是培养学生的英语综合应用能力，特别是听说能力，使他们在今后学习、工作和社会交往中能用英语有效地进行交际，同时增强其自主学习能力，提高综合文化素养，以适应我国社会发展和国际交流的需要。

高校英语课程不仅是一门语言基础课程，也是拓宽知识、了解世界文化的素质教育课程，兼有工具性和人文性。工具性要求与专业相结合，培养学生专业英语的综合运用能力。人文性帮助学生了解西方文化，开阔视野，扩大知识面，加深对世界的了解，借鉴和吸收外国文化精华，提高文化素养。由此看来，高校英语教学有两大目标：（1）帮助学生打下扎实的语言基础，提高文化素养；（2）培养学生的英语综合应用能力，为社会发展和国际交流服务。第一个目标的实现有赖于通用英语教学，而第二个目标的实现有赖于专门用途英语教学。所以，我们认为高校英语教学改革的方向既不是通用英语，也不是专门用途英语，而是通用英语 + 专门用途英语。理由如下：

1. 专家的意见

很多外语教育专家都认为，通用英语和专门用途英语是相辅相成、相得益彰，共同构成高校英语教学的内容。EGP 教学是基础，ESP 教学是提高。只要打好了坚实的 EGP 基础，ESP 的学习效率就会大大提高。反之，如果通用英语的基本功不过硬，只熟悉一些专业术语，专门用途英语也很难学好。章振邦认为："专业外语必须建立在普通外语的基础上，否则就会成为无源之水、无本之木。学好普通英语是掌握专业英语的必要条件。"熊德辊说："学习英语没有任何捷径可走，老想找捷径的人是永远学不好的，要想学好必须定下心来打一场持久战。不要忙于对口（学专业英语），如果基础没有打好，甚至还没有入门，想学好专业英语是绝对不可能的。"戚雨村指出："随着科技创新的深入开展和国际交流的日

益频繁，科技人员参加国际学术会议，用英语撰写和宣读论文，到国外听课、讲课以及合作进行科学研究的机会不断增加，公共英语结合专业英语的势头是不可阻挡的。"卢思源说："ESP/EST 是一种应用英语，应该与通用英语享有同等的地位，并与之一起构成我国外语教学与研究的主流。"文秋芳说："笔者主张每所高校向学生提供包括通用英语与专用英语两个板块的高校英语教学体系。"

2. 有利于培养既懂专业又通外语的社会主义建设人才

EGP 教学是以教授一般语言技能为目的的课程。其目的是培养学生扎实的语言基本功，掌握英语的"语言共核"为专业英语学习做准备，提升学生的人文素养，扩大学生的知识面，帮助学生树立正确的人生观和价值观。而 ESP 教学则是使学习者在某一专业或职业上使英语知识和技能实现专门化的应用性课程，将专业知识学习与语言技能训练融为一体，具有较强的针对性和实用性，有助于培养学生的英语综合应用能力，尤其是在自己的专业领域用英语进行交际的能力。ESP 与 EGP 并非是相对立的两个部分，而是紧密相连的，ESP 培养学生的学术素养，EGP 培养学生的人文素养。在整个英语教育体系中它们是为同一个教学目标而构建的两个层面，是一个语言连续体的两端。事实上，两者都具有词汇、句法、语篇等层次上的语言共核部分。两者在时间上有先后，在内容上却相互融合。所以，大学外语教学只有把 ESP 教学和 EGP 教学有机地结合起来，才能培养出大批既懂专业又通外语的社会主义建设人才。

3. 有利于纠正大学生人文素质下降的趋势

当今科学技术的发展越来越迅速，专业分工越来越细，尤其是进入网络时代，知识和资讯爆炸性增长，客观上要求人才要从"广而泛"转向"专而精"。从国家和社会发展层面来看，中国作为一个后发新兴经济体，建设与发展任务十分艰巨，亟须大批各行各业的专业人才，以服务于富国强民的国家战略。所以，我国高校自 1999 年实行扩招，希望培养更多的人才为国家的经济建设服务。此后，高等教育逐渐从原来的"精英教育"转变为今天的"大众教育"。"大众教育"需要紧密结合社会实践和市场需求。所以很多高校都是以市场为导向培养学生，只注重专业性学习，希望学生在较短的时间内习得具有胜任力的专业知识，忽视通识教育，导致学生的人文素质下降。正如钱理群在北京大学 110 周年民间纪念会上所言：现在有些的大学生，独立自主能力差，缺乏团队精神，不善于和他人合作，知识面狭窄，独立思考和创新能力不足。有些学生的世界观、人生观、价值观出了问题。北京外国语大学胡文仲所做的一次社会调查也证明了这一点，他说："出乎我们意料的是，用人单位对学生的思想道德和素质有比较多的批评，他们最看重的是毕业生的思想道德。其次才是外语掌握程度和知识、能力等。他们呼吁应该加强学生的思想品德教育。"要纠正大学生人文素质下降的趋势，作为高等教育重要组成部分的高校英语教育必须融合EGP 教学和 ESP 教学，两者在培养人才方面发挥着不同的、不可替代的作用。

上文指出，ESP 课程注重培养学生的工具性。而 EGP 课程注重培养学生的人文性。

EGP 教育本身不是一个实用性、专业性、职业性的教育。从功利主义的角度来看，EGP 教育除了考试，似乎一无用处。然而，EGP 教育却恰恰体现了罗素"从无用的知识与无私的爱的结合中更能生出智慧"的论断。EGP 教育不仅是一种培养学生英语语言基本功的教育，正如上海交通大学徐飞所言："它更是一种人本教育，它会使人活得更明白、更高贵、更有尊严，强调培养的是全人而不是工具人、手段人，旨在引导学生形成正确的世界观、人生观、价值观。"所以，EGP 教学有利于纠正大学生人文素质下降这一趋势。

新一轮高校英语教学改革在培养学生的口语交际能力方面取得了一定的成绩，但同时也忽视了对学生在专业领域里英语应用能力的培养。正如蔡基刚所言："2004 年和 2007 年的《大学英语课程教学要求》简直是大倒退，专业英语几乎没有位置。"所以，这场改革受到不少学者的批评。这些学者倡导用 ESP 教学代替高校英语教学。但矫枉不能过正，本节在分析、研究、总结学者相关研究成果的基础上，进一步探讨了 ESP 教学与高校英语教学的关系，论证了我国高校英语教学改革的方向。笔者认为，用 ESP 教学完全代替高校英语教学是不合适的。我国高校英语教学改革的方向应该是通用英语（EGP）+ 专门用途英语（ESP）。

第二节　高校英语教学改革的趋势

最近，关于高校英语教学的走向，到底是继续通用英语的教学，还是进行所谓的学术英语教学？两种观点激烈碰撞，甚至出现了某种教学"必然消亡"，或者将某种教学比喻成"高校英语掘墓人"等现象，让广大高校英语教师深感不安，不知所措。那么，高校英语究竟怎么了？始于 2003 年，作为教育部"高等学校教学质量和教学改革工程"重要组成部分，已为期整整 16 年的高校英语教学改革究竟走到了何处？现在又将怎么继续下去？

高校英语教学的现状需要辩证地看待。黄源深等著名教授在各种场合不止一次地说道：高考恢复以来的高校英语教学取得的成绩是辉煌的，我国几十年对外改革开放成功的背后实际上还站着无数辛勤耕耘在各类高校的高校英语教师。

当然，在成绩面前，也应看到目前高校英语确有许多不尽如人意的地方，也正是为了高校英语教学的可持续发展，我们需要做出改变。

※ 一、教育信息化趋势下的高校英语教学改革

经过十余年的发展，教育信息化已在国内高等教育界掀起了教育变革的浪潮，并必将使教育教学理念、教学方式方法、教学资源配置、教学管理体制等方面产生剧烈的变革，推动高等教育的重塑。席卷全球的"慕课"、国家精品开放课程、"微课"等，都是对传统高等教育的冲击和挑战，基于网络平台的优质学术资源可方便地传播和共享，促进了教育

公平及教育均衡发展，降低了教育时代的"马太效应"。

那么，如何把握教育信息化趋势下的高校英语教学改革，是我们亟待思考的问题。

（一）信息化趋势下的高校英语教学改革

随着信息化在全球范围内的迅速扩展，以及信息技术在教育领域的广泛应用，教育信息化已经成为教育发展过程中的一场深刻变革。

从教育教学过程来看，教育信息化在高等教育方面主要推动了以下方面的变革：

一是信息技术的支撑。信息技术在教学过程的融入，让教学的方式方法发生了深刻的变革，如多媒体教学、网络教学、数字化教学等多样化的教学方式的出现，使信息化成为高等教育育人过程的基本条件。

二是教育理念的创新。信息化推动了教学模式和方式方法的改革，对整体的教育教学过程都产生了深刻的影响，比如课程组织、管理方式、评价体制、激励机制等方面都需要重新架构。

三是实现教育的个性化。信息技术在教育领域的介入和信息化教学平台的应用，使传统的难以实现的教学管理组织和要求成为现实。面对知识水平参差不齐的学习对象，大学可以通过信息化手段实现学生学习层次的分类，进而开展个性化、模块化教学。

高等教育教学信息化是教育信息化工作的核心，是关系到高等学校教育教学改革的关键环节，促进高校信息技术与教育教学的深度融合已成为现阶段教学改革的主要趋势。

这一趋势下的主要工作就是围绕应用信息技术手段创新人才培养模式和课程教学模式，研究建立信息化教学中针对学生的学习评价机制和针对教师的教学评价与激励机制，以及推动高校基于信息技术的"跨校选课、学分互认"、课程共享机制建设和激励优质课程资源共享等。从外部环境来看，经济社会发展对大学的人才培养需求和学生的个性化学习要求，使高等院校必须在新常态下着力把握教育信息化趋势下的高校英语教学改革，顺势而动，大胆探索，从基于信息化环境的校内公共课程内容建设、教学模式建设、评价机制建设等方面入手，结合教学实际打造适合自身的信息化教学新模式。

（二）教育信息化趋势下高校英语教学模式发展及现状分析

1.高校英语教学模式发展

在教育信息化的推动下，高校英语教学改革也进行了努力创新与尝试，基本的教学模式主要经历了计算机辅助高校英语教学、网络架构的高校英语自主学习平台、信息技术与高校英语课程深度融合三个发展阶段。

（1）计算机辅助高校英语教学模式

现代信息技术的发展为高校英语的教学改革提供了良好的契机。如今几乎所有的高校都实现了计算机辅助教学，计算机辅助教学强调计算机是教学的"辅助工具"，虽然能将课堂内容通过多样化的内容展示出来，但学生仍被认为是知识的灌输对象，是被动的接受者，教学内容也往往不离教材。这种教学模式将多媒体教学引入英语课堂，改变了过去教师加黑板的传统单一的课堂教学模式。从本质上讲，该教学模式在高校英语教学方面并未能发挥显著的效果，也和以往的教学模式大同小异，并且单一的"填鸭式"教学模式已经不能满足现代教育及社会的需求。

（2）网络架构的高校英语自主学习平台

近年来，许多学者强调将建构主义理论运用于高等教育，建构主义理论认为知识不是通过教师或外界传授而得到的，而是在一定的情境下，借助其他人（教师或学习伙伴）的帮助，利用学习资料，由学习者自己完成对知识的构建。建构主义理论认为教师和学习者同等重要，同时肯定教师的主导作用和学习者的主体地位。

基于建构主义理论，网络架构的自主学习平台逐渐成熟并走进高校。此类平台要有一定的硬件作为基础，由资源库、学习平台、学习工具、考试测评、讨论区等模块组成。这种学习模式似乎颠覆了传统的教学模式，突出了学生的主体地位，学生由被动的"接受者"变成了学习旅程的"驾驭者"。

但同时也不能忽视教师在学生自主学习过程中的引导和监督作用。首先，平台有一定的课程设置，学生必须在完成基础学习并通过测评后才能进入更高一阶的学习；其次，平台有一定的自动监控设置，如学习满4分钟才能开始测试，5分钟没有学习状态，计时会停止等防止学生刷课的现象；同时，学生可组成不受地理位置限制的小组共同讨论并完成学习任务；最重要的是教师可进入平台，了解学生的学习情况，并根据每个学生的不同情况，下达下一部分的学习任务，处理学生在学习过程中出现的问题，并可公开辅导、解答共性问题。教师还可统计评估整个年级学生的学习数据，作为进一步深入学习的依据。

这种自主学习模式通过构建特定的学习环境，学生根据自己的特点和学习兴趣主动地选择学习时间、学习方法，组织学习过程，提高英语听说及运用能力，这种自主学习方式是以"快乐学习、终身学习"为最终目标的。

（3）信息技术与高校英语课程教学深度融合

在如今信息量巨大、新技术不断涌现、日新月异的社会变迁中，高校英语教学也在不断地改革中完善并步入了信息技术与课程深度融合的阶段。基于互联网和校园网的多媒体教学模式强调个性化教学与自主学习，学生可根据教师的指导及自己的特点、水平、时间、学习方法等，通过自主学习室的学习软件和校园网高校英语教学平台中的"英语资源库系统"和"教学/学习管理系统"，实现非定时多地点的学习，即学生可以选择适合自己水平的学习内容、选择适合自己的学习时间，并根据自己的学习方法，在校内自主学习室、电子阅览室、图书馆或寝室随时随地进行学习，并能及时了解自己的学习进步情况，得到相关信息反馈，调整继续学习策略，达到最佳学习效果。在教学应用方面，部分课程真正利用网络教学辅助平台，构建了网上学习、课堂讨论、社会实践三位一体的信息技术与教学深度融合模式。

2. 高校英语教学改革现状

英语语言素质是人才培养国际化的必然要求。近年来，国内大学按照教育部最新的《大学英语课程教学要求》开展了不同程度的改革，亦初步取得了一些改革成效。但是随着高等教育办学的日益开放、人才素质要求的提升以及"互联网+"对传统教育形态的颠覆，高校英语已有的教学模式尚存在一些深层次的矛盾，如分级分类教学的改革深度不够、四级后教学模式的钝化、个性化教学的缺乏等。

从国内大多数高等院校高校英语改革现状来看，分级分类教学在传统教学模式中占有主导地位。然而分级分类的缺陷使改革的深度还不够，这种教学组织方式只是按高考分数高低和专业差别进行粗略划分和开展教学。如西北大学作为一所地方综合性大学，学科门类齐全，生源遍布全国各地。为了改革试点成果具有代表性、客观性、有效性及可行性，便于将来在全校全面推广实施，经过论证后的实施方案是在不同层次（普通本科、基地班）、不同学科（文、理、工）四个院系（法学院、信息学院、化学材料与科学学院和地质系）进行改革试点，学生共约300人，从2004级大学一年级开始试点。从实验结果来看，传统教学模式下的分级分类教学依然不能调动教师教学与学生学习两方面的主动性，而且不同专业的差别较大。

四级后教学问题也是当前高校英语教学长期困惑的改革瓶颈，是现有教学模式所解决不了的。高校英语第四学期（"四级"后）教学存在的问题是：通过四级考试的学生学习动力不足，学生到课情况较差，由于未能建立相应的考核机制，教师对学生缺乏教学过程的约束力。这影响了正常的教学秩序，同时也是长期困扰高校英语任课教师的问题，在一定程度上挫伤了教师的教学热情和积极性。同时，面对大学生出国留学、学习深造、创新创业等方面的迫切需求，现阶段的高校英语教学没有从根本上实现个性化教学，课堂教学依然是以大班教学为主、以教师为中心并没有实现学生学习的个性化定制。

基于现有教学模式和教学过程中的这些深层次问题，需要考虑如何把握信息化趋势和"互联网+"的改革态势，做好面向大学生的高校英语教学改革，即如何把学生分层次，设计灵活的学习机制，实现学生的个性化学习需求等。

（三）基于信息化的分层次教学模式改革

1. 高校英语分层次教学模式构建

高校英语分层次教学在国内高等教育领域已有一定的理论与实践基础，如今已成为高校英语教学改革的主要趋势。分层次教学是被很多大学实践的新高校英语教学模式，只是各个高校的分层模型不尽相同。最初采用的是按照学生入学成绩分层，并且大多采用流动层级的教学模式，即入学成绩高的采用高阶教学，其余则次之，同时根据本阶段的考核结果决定下一学习阶段的学习层次。这样的分层教学模式给学生造成了一定的负面心理影响，尤其是被分到"基础较差"班级的学生会产生一定的抵触情绪，不利于教学的进行和人才的培养。

近年来，随着高等教育的快速发展和高校英语分层次教学模式改革的日益深入，单纯以高考入学成绩分层的教学模式已经不能满足社会需求和学生自主学习要求，高校英语教学逐步考虑从多方面、多角度因素对高校英语进行分层：一是不同学科专业对英语的要求程度不同；二是不同专业学生将来就业后所从事的行业对英语的需求不同；三是学生基于自身兴趣对英语的爱好程度不同。现有研究与实践证明考虑以上诸多因素的英语分层次教学能有效减少英语教学的盲目性，提高教学效率，节约教学资源，调动师生的教学积极性，对培养国际化的高素质创新人才具有与时俱进的重要作用。

根据教育部《大学英语课程教学要求》，大学阶段的英语教学分为一般要求、较高要求和更高要求三个层次。分层次教学就是根据学生的英语基础、学习能力、兴趣特点、专业方向以及将来有可能从事的行业要求等因素，设计不同的教学目标、制定教学方法，有针对性地对不同层次的学生进行相应的学习指导，使每个学生在英语学习方面都能达到最佳效果。在我国古代，就是所谓的"因材施教"，而今则是在"因材施教"的基础上，同时关注社会对人才的个性化需求。

2. 信息化与分层次教学改革实践

在教育信息技术推动的变革浪潮下，以及结合我国高校英语重要转型的契机，应试教育应向多样化应用型教育转化，基础英语教学将向专门用途英语（ESP）转移，为更好地拓展专业知识做好准备。高校英语分层次教学模式改革具备了深度蜕变的改革要素。针对学生的个性化培养和个性化需求，如何建立信息化平台的高校英语分层模型标准变得尤为重要。西北大学结合已有的教学改革经验，围绕"模型构建—平台搭建—兴趣驱动"的改革理念，逐步推进高校英语分层次教学模式改革。

为适应社会经济发展对人才培养工作的要求，逐步建立与研究型大学相适应的本科人才培养体系，培养具有国际视野的高素质创新人才，学校出台了《西北大学关于修订本科人才培养方案和指导性教学计划的意见》。新方案提出了《大学英语课程分层次改革方案》，着眼于在新时期内有所创新和突破，使高校英语课程具有更大的灵活性、选择性和开放性。高校英语教学在注重打好学生语言基础、培养学生英语综合应用能力的基础上，提高学生的综合素质，成为具有国际视野的高素质创新型本科人才。现阶段，西北大学新的本科人才培养方案已于2014年全面施行。高校英语教学主要在通修课程的基础上，强化应用性课程，同时结合网络自主学习，将课程分为通修课程、高阶课程、特色课程三种类型，推动高校英语教学和学生学习的个性化发展。学校将高校英语分为四个层次，其中层次一、二为全校必修课，层次三、四是各专业根据需要任选模块，分为高阶课程和应用课程，包括报刊选读、影视欣赏、演讲与辩论、英美政治文化、TOFEL、IELTS等等，可在全校范围内选修。为更好地支撑高校英语分层次教学改革，学校注重资源共享，着力搭建"教学资源平台"。通过有效整合各类电子图书资源、名师教学视频、教师备课资源等，搭建了包括视频课程、电子书、学术视频、文档资料等内容的教学资源共享平台。一方面，依托平台有力支持课程的网站建设、在线课程教学、过程分析统计、研究性教学、碎片化学习等，推进了课程信息化教学改革；另一方面，通过技术开发，实现了平台与校园网门户教务管理系统的无缝对接，为师生即时登录开展自主学习提供了便利。同时，学校正在加快筹建人文社科MOOC中心，通过坚持"全面统筹、集中建设、订单开发"的原则，建成符合学校人文社科类课程教学需求和满足学生多元化学习的课程资源平台，解决了课程资源共享和多样化人才培养的要求。下一步将加大投入力度，引导与推动不同层次课程与教学团队加快MOOC课程的开发与建设，用于课程教学的实践。这些课程将遵循"以生为主、以师为导"的新型教学理念，要求教师变"教学"为"导学"，引导学生变"听学"为"研学"。加快从"以教为中心向以学为中心""知识传授为主向能力培养为主""课堂学习为主向多种学习方式"的转变，着力培养学生的学习主动性、能动性、独立性，提高学生的创新素质与创造潜能。结合传统高校英语课堂教学的优势，促进师生之间的学习互动，实现教育教学过程线上和线下的有机互补。

在全球化趋势下，各国都十分重视信息技术在高等教育领域的应用。教育信息化的发展，已经在教育理念、教学方式方法等方面产生了深刻影响，实现并重构着高等教育的开放式发展。高校英语教学改革经过了21世纪以来的不断创新，已经为各学科专业人才素质的整体提升和实际应用做出了巨大的努力，并且朝着更加科学化、系统化的方向发展。但从高等教育国际化需求和互联网发展趋势来看，我国的高校英语教学改革和教育信息化发展程度仍有较大的融合空间，还有一些关键环节亟待解决。例如，优质师资的有限性和高校其他办学条件滞后于培养规模的扩张；基于网络的高校英语学习平台需要一定的软硬件环境，如何合理配置计算机、学生、教师、实验人员等，使有限的资源得到充分利用，需要在实践中不断调整创新。

同时，师生的计算机技术培训也必不可少。现如今网络覆盖日趋扩大，尤其是智能手机终端的海量增加已经基本实现了"泛在学习环境"，把握新形势下高校英语教学改革，刻不容缓。

※ 二、从需求角度看高校英语教学改革的趋势

需求可分为社会需求和个人需求，前者主要指社会和用人单位对有关人员外语能力的需求，后者指学生目前的实际水平与希望达到的水平之间的差距。在外语教学领域，需求分析是语言课程设计和实施不可或缺的启动步骤，"至少有四大重要作用：①为制定外语教育政策和设置外语课程提供依据；②为外语课程的内容、设计和实施提供依据；③为外语教学目的和教学方法的确定提供依据；④为现有外语课程的检查和评估提供参考"。因此，从需求角度进行高校英语教学改革是必要的。

（一）需求现状

改革开放以来，我国的高校英语教学在几代人的努力下取得了巨大的成就，培养了大

批有专业技能且懂外语的复合型人才，促进了我国改革开放和对外交流。但随着我国改革开放的深入和世界经济大融合的进一步推进，我国高校英语教学与需求之间的差距进一步加大。

1. 社会需求

（1）高端外语人才严重缺乏

目前，我国约有 3 亿人在学英语，其中大、中、小学学习英语的人数超过 1 亿。有专家预测，再过几年我国学英语的人数将超过以英语为母语的国家的总人数。尽管我国有数亿人学英语，但同声传译和书面翻译等高端外语人才仍然严重缺乏。全国各地人才市场频频告急，即使是北京、上海这些高级人才较为集中的地区也难以幸免。

（2）懂专业又能熟练使用外语的"双料"人才走俏

外语作为一种交流工具，显然比其他专业具有更广泛的适用范围。但由于长期以来受重文史、轻科技的外语教育的影响，外语人才难以满足当前经济科技等各项事业迅猛发展的需求。现在，我国懂外语的人很多，但由于英语专业人才缺乏相应的专业知识或技能背景，因此难以胜任大量工作，机械、化学、工艺、软件等专业的技术工程师本身就十分紧缺，懂外语的就更稀有了。因此，想找到符合企业要求的、既具备专业知识又能熟练使用外语的工程技术人才是很难的。

2. 个人需求

据调查，在语言学习方面，当前学生渴望形式多样的语言输入，渴望真实、实用、有时代感的学习内容。他们期望提高英语学习能力和用英语交流的实际能力，希望英语学习能满足自己提高文化素养和专业水平的需要。但实际教学中，为了完成教学任务，教师的教学常常拘泥于教材内容，有的教师以教材、教学课件作为教学内容，在课堂上"照本宣科"，导致教学只是教教材。

据一项全国的英语教学满意度调查发现，学生认为自己进入大学后英语水平没有提高和有所下降的占到 62%（其中有些下降的竟然占到 36.5%），对高校英语教学勉强满意和不满意的要占到 54%，认为需要学的东西没学到的占到 50.7%。再次调查时，在回答"比较四年前刚入校时现在的英语水平如何"的问题时，认为有提高和有些提高的占到 55.7%，基本没有提高和有些下降的为 44.4%（其中有些下降的占到 21.1%），回答对高校英语教学基本满意和比较满意的占 47.4%，而勉强满意和不满意的占到 52.6%。

以上数据虽然令人震惊，但它说明了当前我国高校英语教学的现状：教学脱离了社会发展的需要，甚至是不能满足学生自身学习的要求。

（二）原因分析

引起我国高校英语教学"滞后"的原因是复杂的。

1. 高校英语基础教育的定位在某种程度上使教学脱离了社会的需要

现代社会对外语人才的要求是既懂专业又能熟练使用外语，但受高校英语教学语言基础定位的影响（1985—1986 年和 1999 年的两份《大学英语教学大纲》分别规定了我国高校英语教学的重点和目标是语言基础），长期以来，我们的高校英语和中、小学英语教学一样，一直在打基础而迟迟不能与专业挂钩，导致有的大学生毕业时连最基本的专业术语都不会说，这样的学生毕业后怎能胜任需要专业英语的工作岗位呢？由此可见，"只注重普通英语教学而忽视专业英语教学在某种程度上制约了我国高校英语的发展"。

2. 应试教育违背了语言习得和学习规律

目前，我国的教学模式基本上还是应试性的，外语教学也不例外。小学教学是为了考中学，中学教学是为了考大学，但高校英语教学应该为什么呢？很遗憾，在考试指挥棒的作用下，我国的英语教学不是为了学以致用，而是围绕考试进行，导致学生的英语学习仅仅是为学校考试，四、六级考试，甚至是为雅思、托福出国等考试而置社会需要和专业需要于不顾。

因为应试教育不能提供足够的言语输入，也不利于激发学生的学习动力，所以不能有效提高学生的语言运用能力。目前，中国中学和大学普遍存在的应试性英语教学模式，可以说是违背语言习得和学习规律，而不能有效提高学生的语言运用能力，因此，必然也必须进行改革。

（三）改革的趋势

在我国，英语教学是基础教育，基础教育必须满足国家和个人争取发展的实际需要。因此，高校英语必然要继续改革。2007 正式颁布的《大学英语课程教学要求》提出培养学生的英语综合应用能力，并明确要求各高等学校"应参照《大学英语课程教学要求》并根据本校的实际情况，制定科学、系统、个性化的高校英语教学大纲，指导本校的高校英语教学方式"。这为各高校在进行改革时发挥主观能动性提供了空间。

目前，全国各高等院校正在轰轰烈烈地开展高校英语教学的改革，要设计出基于本校的科学的、系统的和个性化的高校英语教学大纲和实施方案，首要任务是了解学习者、教师、社会等各方面对高校英语教学的需求。

因此，为了适应各方面的需求，高校英语教学改革的趋势如下：

1. 逐步下移高校英语基础教育重心，整体考虑我国英语教学体系

我国的高校英语教学是以基础英语为导向的，虽经前后三次的改革，但都在能力培养的层次或次序上进行变化和调整，也就是说始终没有在英语使用上有新的突破。由于高中英语和高校英语在培养目标、课程设置和教学要求诸方面都基本接近甚至雷同，所以随着高中新课标的贯彻和中小学英语教学质量的提高，高校英语和高中英语的界限也在逐渐模糊。

据统计，到 2009 年全国已有 20 个省实施高中英语新课改，"新英语教材的词汇量都有了大幅增加，学生在高中毕业时掌握的单词必须达到 3500 个，直逼大学四级英语水平"。显然，在未来的几年里，《大学英语课程教学要求》所规定的大学生必须达到的一般要求

的学习任务将有望在高中三年里大部分完成或全部完成。这样，从小学到高中，通过12年的英语教学，学生在高中毕业时打下较为扎实和全面的英语基础，尤其是在听、说等基本技能方面要有重大突破。进入大学的学生不必再花两年甚至更多的时间学习"基础英语"，可以直接过渡到专业英语的学习，或只需"对他们稍加训练，即可转入同时提高外语应用技能和实际国际交流能力的学习和训练"。高校英语教学的基本框架将有实质变化，从而为决策者实现从整体上考虑我国英语教学体系的目标奠定基础。

2. 英语教学同专业结合，走专业化发展道路

目前，我国的高校英语处于高中英语和英语专业的双重夹击这一尴尬的境地。一方面，现阶段高校英语学科发展的空间受到局限，另一方面，社会对专业人才英语水平的需求不断高涨。在这种形势下，高校英语同专业结合、走专业化发展道路不仅满足了社会需求，同时也为自己找到了新的、顺应社会发展的时代方向。

中学培养基本外语能力、高校结合专业进行提高，是我国未来高校英语教学改革的方向。事实上，高校英语教学把重点转移到专业英语上并不妨碍打基础，相反还会从应用的角度巩固和完善基础，真正体现"用中学"。

3. 淡化应试教育，建设多元化、多层次的高校英语课程体系

我国幅员辽阔，各地区、各高校之间的情况差异较大，高校英语教学应贯彻分类指导、因材施教的原则，以适应个性化教学的实际需要。但现行的高校英语课程设置难以贯彻因材施教的原则，难以调动学生的积极性。虽然有的高校采取了分级教学，但仍然没有从根本上摆脱高校英语课程"综合性"的桎梏。因此，在新的形势下，开展个性化和多元化的教学模式，贯彻分类指导的教学原则已成为当前我国高校英语教学改革的新方向。

※ 三、科学的高校英语教学改革观

教育部最近提出坚持科学的高校英语教学改革观。王守仁在最近上海外语教育出版社组织的一次高校英语研讨会上传达了这一观点。

那么，什么才是"科学的"的高校英语教学观？可以从四个方面来认识：认清高校英语课程的性质；明确高校英语教学的真实需求；加强师资队伍建设；建立科学的高校英语教学评估体系。重点是前两点，尤其在于第二点。

（一）认清高校英语课程的性质

科学的高校英语教学观，首先是要认清高校英语课程的性质。

教育部颁发的《大学英语课程教学要求》是目前官方对高校英语课程最全面、最权威的文件，2004年首次公布，2007年修订。对高校英语课程的性质，2007年版如此描述：高校英语教学是高等教育的一个有机组成部分，高校英语课程是大学生的一门必修的基础课程；高校英语是以外语教学理论为指导，以英语语言知识与应用技能、跨文化交际和学习策略为主要内容，并集多种教学模式和教学手段于一体的教学体系。

这里有几个关键点：①高等教育的有机组成部分，说明高校英语不是可有可无的；②三项主要教学内容：英语语言知识与应用技能，跨文化交际，学习策略；③教学体系：高校英语不是单纯地由每周若干课时组成的一门课，而是由综合英语类、语言技能类、语言应用类、语言文化类和专业英语类等必修课程和选修课程有机结合的一个教学体系，自然也包括教学手段在内。

需要特别指出的是，2007 年版与 2004 年版在高校英语课程性质方面基本上没什么大的修改，最重要、最醒目的修改是 2007 年版明确表示：高校英语课程兼有工具性和人文性。

王守仁在高校英语研讨会上解释"工具性"是要求与专业相结合。因为高校英语作为非外语专业培养方案课程体系中的一门课，应该为专业服务，才不枉各专业将其列在培养方案中，且在专业课时十分紧张的情况下占用约 10% 的学时比例。"人文性"是指作为现代大学生，外语（尤其是国际公认的英语）能力是能力结构和知识结构中不可或缺的部分，是帮助学生理解西方文化、世界文化，进行跨文化交际所必需的。

（二）明确高校英语教学的真实需求

性质得以明确，还要了解需求。这是一个被长期忽视的问题，一般认为已经解决了；或者说是教学主管部门根据自己的判断，给高校英语设想了一个需求。束定芳曾这样描述人们对高校英语课程目标的理解：让学生学点英语而已，作为素质教育的一部分，对于一些学校校长和教务处长，高校英语教学的管理就是看学生四、六级考试的通过率。实际上，前面所述的"五不满意"，归根到底就是对高校英语课程的需求不清楚，从而导致所有相关人士都觉得自己想要的没能实现，因而感到不满。

2007 年版认定的需求是：培养学生的英语综合应用能力，特别是听说能力，使他们在今后学习、工作和社会交往中能用英语有效地进行交际，同时增强其自主学习能力，提高综合文化素养，以适应我国社会发展和国际交流的需要。

1. 学习英语是交际需要，而且是学习、工作、社会交往三方面的交际需要。工作需要又与专业有关，后文要专门谈这个问题。"学习交际需要"是 2007 年版新加上去的，是面对现实的正确表述。据统计，大学毕业生就业后真正需要英语的不到 50%，在社交中需要英语的比例更低，而继续学习需求却随着不断升温的出国热日益明显。

2. 增强自主学习能力的需要，高校英语毕竟只是一门课程，课时有限。英语学习不可能完全靠课堂教学来完成，课堂只能起到引领作用，所谓"师傅领进门，修行在个人"。因此培养学生自主学习能力确实也是一种实实在在的需求。

3. 提高综合文化素质需求。这一说法相对抽象些。因为不学英语，文化素质也是可以提高的。

综上所述，学习、工作、社会交往三方面需求，似乎很清楚，但实际上很模糊。学习需求，是什么样的学习需求？在高校英语教学中如何满足这种继续学习的需求？最近不断被讨论的学术英语，旨在帮助学生具有专业学习能力。但问题依然存在，高校英语学习更适合通用英语还是学术英语、通识英语还是专业英语？是关注个性化学习需求还是专业学习需求？

在过去的十年中，教学改革的重点转为以听说为先，似乎是为社会交往所需。但对于工作需求，我们的高校英语教学管理者、教师甚至学生自己也很难真正知道学生今后工作中会有什么样的英语需求。

上海电力学院的余樟亚老师最近做过一个行业英语需求调研，很受启发。调研发现，作为行业特色比较明显的高校，上海电力学院每年平均有 30% 左右的学生进入电力系统，其中有的专业可达到 80% 以上，但是这些进入系统的学生所学的英语却无法满足行业需要。可见需求调研是必需的。通过网络查阅发现，此类需求分析的文章不少，但大多是关于对需求分析理论（特别是国外研究成果）的引介和阐述、重要性的强调、需求分析方法的介绍以及用需求分析理论评述某些英语课程等方面。极少数的需求调研实例，也主要集中在对英语学习者自身感受到的需求，以及毕业生就业到岗后对英语需求的主观感受上，而完全基于具体行业对英语的客观需求调研实例几乎没有。然而，不了解行业英语需求，来谈为社会交际、为工作需要进行英语教学就成了无源之水。

该调研针对电力能源行业对英语的需求状况，包括下列三类信息：①行业岗位招聘对英语的需求；②行业岗位工作对英语的需求；③行业岗位培训对英语的需求。这三类信息实际上包含了"进入行业—岗位工作—业内提高"整个行业活动过程中对英语能力的目标情境需求，可以为高校英语教学改革带来启示。

调研发现，就岗位招聘英语需求而言，国内电力能源行业岗位招聘均对英语有一定的要求，其中有引进设备和涉外项目的企业对英语要求更高，除西藏之外全国所有省级电力企业对应届毕业生的英语要求均是高校英语四级 425 分以上。事实上，电力能源行业在招聘时对英语的需求，在其他行业也程度不同地存在。另外，就岗位能力英语需求而言，调研的相关大型电力能源企业员工岗位能力结构对外语（主要是英语）有明确要求。调研报告中具体规定了与各岗位相对应的 9 级外语要求，其"员工岗位能力结构外语能力等级表"对英语能力描述得详细程度甚至不亚于学校的教学大纲。

最低的外语 1 级的要求是：粗浅地掌握一门外语，能借助词典或其他工具大致读懂简单的专业文档；能看懂本岗位常用进口设备上的外文铭牌和操作指示。

外语 5 级的要求是：能独立阅读外语文档，参阅国外专业资料；能翻译本专业的技术资料、专业说明书；能用外语进行简单交流；至少独立完整地翻译过一套设备的技术文档与说明书。

最高的外语 9 级要求：精通一门外语，能与外籍专家讨论艰深的专业问题，并自由地表达思想；能在同行会议中充当翻译；能够应对纯外语工作环境；在无翻译的情况下至少技术性出访一次；至少独立进行过一次技术性谈判和参与过一次技术性交流会议。

此外，对岗位英语培训需求，全国电力能源企业都在开展各种类型、各个层次的外语培训活动，一方面是为了适应电力能源系统对外语人才不断提高的需求，培养员工具备对外交流能力，能够承担对外服务任务以及对外进行技术与学术交流，重点提高学员对行业英语的听说、阅读、翻译、写作能力，这些任务实际上如果高校英语采用一些行业英语语料也是可以承担的。另一方面，企业对员工的英语培训也是弥补员工在学校期间英语学习的不足（尤其是听力与口语）。

该调研得出以下几个相关结论：

（1）国家高校英语四级考试依然是用人单位招聘时采用的决定性依据；

（2）特殊岗位需求仅靠基础英语教学远远不够；

（3）行业岗位英语要求描述可以作为高校英语教学内容的重要参考；

（4）在现阶段，听、说、读、写、译基本技能训练依然是高校英语所需要的；

（5）从员工自身发展角度补充实用性英语教学内容。

总体而言，鉴于不同学校、不同行业背景及其不同需求，同时考虑到不同学生的实际英语水平，认为在目前一段时间内，高校英语教学尚不宜用 ESP 取代 EGP，但改革"一刀切"的高校英语教学以及"四、六级考试"导向下的纯通用英语的教学内容，从 EGP 向 ESP 逐渐过渡或将成为高校英语教学改革的一种趋势。

（三）加强师资队伍建设

若上述基于需求分析的这种趋势判断是正确的，高校英语教学改革的第三个要点便是师资队伍建设，这是成败的关键。自从改革开放以来，大学外语教学的成绩不可否认，这要归功于在一线辛勤教学的广大外语教师。当历史发展对高校英语教学提出新的要求，同样要靠教师来完成这一使命。

目前来看，高校英语师资队伍建设面临着不少棘手的问题。首先，是高校英语教师的学科归属问题。夏纪梅撰文指出："由于多方面的原因，高校英语无论课程建设还是教师发展，都脱离了学科建设，这在高等院校里是很难体面地生存的。由此而产生的校本认同、学者认同以及学生认同问题接踵而至，不是被学术边缘化，就是被学科看不起。从事这门课程教学的教师始终有低人一等、无学科依托、学术身份不明、不知如何发展的问题。"改变这种局面应该成为高校英语教学改革的一部分，甚至是先决条件，因为没有了高校英语教学改革的主体——高校英语教师的积极性，教学改革就难以进行。其次，高校英语师资队伍建设涉及团队和个体两个层面。团队层面主要是优化结构。目前各高校英语师资队伍均普遍存在学历层次不高、职称层次不高、女教师（尤其是 40 岁以下女教师）比例过高等情况。该如何进行优化？很多专家提出了很好的建议。王守仁从"顶层设计，统筹规划；开发课程，建设小组；按需进入，微调到位；提升学历，不失时机"等 4 个方面开出改善高校英语师资团队结构的处方，具有较强的指导作用。

关于高校英语师资队伍个体层面的建设，高等学校大学外语教学指导委员会进行过一项"高校英语教师的职业发展现状及其影响因素分析"，结果发现，现在有 4 种类型的高校英语教师："探索者""奋斗者""安于现状者"和"消沉者"。这实际上关系到教师的职业责任意识及个人奋斗意识。我们应该创造条件鼓励"探索者"和"奋斗者"，激励"安于现状者"和"消沉者"。

（四）建立科学的高校英语教学评估体系

任何教学都可以进行效果评估。最近对高校英语四、六级考试的取舍有各种不同的声音，在此判断：不会取消，但会改革。据说高校英语教学综合评估体系会是 1+N。这里的 1 代表全国高校英语四、六级考试，N 则是各类专项英语考试。显然，这将会改变一考独大的局面，体现王守仁在研讨会上所说的：评估主体多元化，评估内容多类型，评估手段多样化。

高校英语教学的现状是不尽如人意的，但改革的趋势很明确：教育部要求在以往高校英语课程要求的基础上，制定新的高校英语教学指南。新的指南明确高校英语课程的服务意识是：服务于学校的办学目标，服务于院系专业需要，服务于学生个体发展需要。很明显，这里特别强调的是高校英语教学必须满足的三类服务需求。可以预计，一个全新的、更加注重实际需求的高校英语教学体系会产生，并将在教学实践中不断得以完善。我们应该为能成为这一体系建设中的一员感到骄傲，并承担一份责任！

第五章　大学英语教学模式改革的理论基础

第一节　基于建构主义的课程设计理念与实践

课程设计也就是制定课程，包括制订教学计划（学校课程标准）、编写教学大纲（学科课程标准）和教科书。课程设计是将课程基本理念转化为课程实践活动的"桥梁"，其水平的高低是制约教育教学质量的一个重要因素。因而，有论者指出课程设计中应当处理好人的发展与社会发展的关系、认识与价值的关系、逻辑序列的关系以及传承与革新的关系。然而，在我国课程设计研究的二十多年的历程中，课程设计虽已取得一定的成果，但仍存在课程设计理论不够成熟、课程设计理念研究与课程改革实践脱节等问题，进而导致课程设计中不能处理好人的发展与社会发展需求的关系、认识与价值的关系等，使课程设计研究的发展陷入尴尬境地。而建构主义的知识观、学生观、教学观、情境观等一系列思想为我国新课程改革中课程设计的改革提供了理论基础，且给课程设计实践以重要的启示。

※　一、基于建构主义的课程设计理念的转变

长期以来，在我国传统的课程体制下，课程设计完全是一种"政府行为"，即课程设计研究主体主要是由一些教育行政官员、学科专家和个别教育家组成，这必然导致课程设计只能迎合政府的意志而无法兼顾学生的需要、社会的需要和知识体系，最终使课程设计总是倒向社会中心或学科中心的价值取向。此外，这种"政府行为"的课程设计是一种"自上而下"的行为，而非"自下而上"的行为，课程设计研究未能立足于课程实践，未以解决课程实际问题为导向，而是游离于社会中心和学科中心之间，所以课程设计理念与实践相脱离，这就必然导致课程设计理论不能得到发展并走向成熟，同时实践问题也不能得到有效解决。

在建构主义视野中，课程设计的理念是建立在其知识观、学生观、教学观、情境观四者有机结合的基础之上的，这为课程设计理念的转变提供了有力的理论支撑。

（一）由"静态"到"生成"：建构主义知识观

在建构主义看来，知识并非对认识对象的"镜式"反映，知识具有生成性，而并非静态的、绝对的。所有认识对象都是客观存在的，并且其自身也是随着环境的改变而不断发

生变化，因而对认识对象的解释也是因时因地而异，而不是一成不变，也没有"定论"可言。所有知识都有待于检验和反驳，对认识对象的解释也是动态生成的；认识者在认识对象的过程中也并非被动、消极地对事物做出"镜式反映"，而是主动积极地对其进行认识，其认识随着认识者自身知识面的拓展不断深入。认识者不是知识的主体和权威，更不是知识的客体。

这样基于建构主义知识观的课程设计，其设计的对象——知识不再是静态且绝对的，而是动态变化的。课程设计的目的不在于课程设计中包含或体现多少固定的知识，进而将其灌输给学生，而在于怎样"弹性地""灵活地"设计课程。通过师生共同参与，让学生学会学习，学会创造、发现。基于建构主义知识观的课程设计，其"设计"本身也同"知识"一样，并非是绝对的、客观的，而是生成的、弹性的。课程设计最终不是以"成品"的方式呈现出教学中所需的课程标准、教学大纲和教学内容，而是提供给师生一个参照，课程设计的具体内容更会随着教学活动的变化而发生改变。这与课程改革的目标是相符合的：改变课程过于注重传授知识的倾向；改变课程结构过于强调学科本位、科目过多和缺乏整合的现状；改变课程内容过于注重书本知识的现状。

（二）由"目中无人"到"以人为本"：建构主义学生观

建构主义颠覆了传统意义上将学生视为"白板"以及教学中完全的"目中无人"的现象，认为作为教育对象的学生首先是一个"人"，但又是具有多种特性的人。一是学生具有主体性。学生是参与教学过程的主体，正如当前课程观背后的哲学理念——"以人为本"所主张的以学生为本，学生的个性是自由的，因而应予以尊重。二是学生具有发展性。学生作为一个独立的个体，其本身在学习的过程中完成其自身的发展，一步步走向成熟与健全，学生永远处在不断发展的过程中，甚至对于任何一个人来说，无论从心理角度还是从生理上看，都是处在发展变化的过程中。换言之，生命不止，发展不止。学生的这种发展性为教育的开展提供了无限可能，教育应该为学生的发展做好准备，为学生的发展创造良好的条件，以便于其挖掘和开发自身的潜能。三是完整性。所谓完整性是指学生作为生命体而具有的生命整体性，因为人的生命是多层次、多方面的整合体。教育的真正功能在于让学生获取知识的同时，完善自身的人格，进而挖掘出自身潜在的灵感，在情感完美交融的过程中体验到生命的层次性和完整性。四是个性化。"每个学生都是一幅生动的画卷，教师应当体会儿童生命的最大丰富性和主动性，关注儿童成长与发展的每一点进步，帮助学生发现自己、肯定自己。"每一个教育者都应该意识到每一个学生都是一个独立且特别的个体，具有自身特有的个性，教育过程中要尊重学生的个性特点，充分调动学生的积极性和主动性。这就是教育教学过程中应遵循的基本原则——因材施教。

基于建构主义学生观关于学生特性的认识，课程设计应关照学生作为人所具有的各种特性来进行设计，而不能完全地"目中无人""目中无生"，课程设计中要体现以人为本、以生为本的哲学理念，尊重学生的主体性与完整性，为学生的个性化发展创造良好的环境，这仰赖于课程如何科学设计，传统的"自上而下"的"政府行为"式的课程设计是不可能很好地观照到学生的发展特性的，因而课程设计应由"自上而下"的方式转变为"自下而上"的方式，从学生的需要出发，从课程实践出发调整课程设计方式。

（三）由"以教为主"到"以学为主"：建构主义教学观

建构主义教学观主张大力推进主体性教学，教学活动的重心由"教"转移至"学"，以"学"为主。教师并非教学过程中的唯一主体，教师传授知识的活动也并非教学活动的重心和主导活动，教学过程不是知识单向传递的过程。建构主义强调学生在教学过程中的主体地位，聚焦学生"学"的过程，强调教学过程是学生在教师的帮助下自己主动建构知识的过程，因而需要发挥学生学习的主动性和积极性，引导学生建构自身的知识体系。所谓知识的建构，一方面是指学生以原有知识经验基础去理解当前的新知识，即奥苏伯尔的"同化论"，另一方面指学生依据新经验对原有知识做出某种调整和改造，即"顺应"。这个建构过程只能由学生本人主动完成，学生建构知识的过程首先是在教师的指导与引领下，分析知识的合理性和有效性，深入理解知识的内在含义，结合自身已有的知识经验形成自己对知识新的解释和看法，而并非对知识进行浅层次的理解进而机械地记忆。

从这个角度来看，建构主义教学观强调教学活动中学生是主体，教学过程中应给予学生尽可能多的独立且有效活动的机会，让学生在主动参与活动的过程中，建构自己的知识体系。基于此，课程设计过程中应充分尊重学生的主体地位、以学生的学为中心，在考虑从人类社会历史经验——科学和生活中选择什么、怎样组织、安排问题时，应将学生的需要、学生的兴趣、个性特点、学生已有水平置于首要位置。如在课程设计中实行三级布局：国家课程、地方课程、校本课程，将三者有机结合，即为了充分尊重不同地区、不同学校学生个体的差异。

（四）由"抽象化"到"情境化"：建构主义情境观

"学习总是发生在情境之中，而情境则与镶嵌在其中的知识形成了不可分割的联系。"建构主义强调在教学过程中，应将学生从抽象的知识体系中引出，引导学生进入真实的问题情境中，用生动、形象、真实的故事呈现问题与知识，进而启动学生的思维。教学情境生活化、生动化，进而使教学内容由"抽象化"走向"情境化"，由"复杂化"走向"简单化"。建构主义所谓的"情境"必须具有真实性、复杂性、情节性等特点。

基于此，课程设计在编写教科书时，强调再现知识产生的背景和应用情境，营造真实生动的学习环境，进而实现学习效果的最优化。课程设计尊重学习的情境性有两方面的意义：一方面在于通过教科书知识编排的"情境化"，赋予看似复杂、抽象的科学知识以生动鲜活的生命气息，便于学生灵活理解和把握；另一方面，尊重情境性的课程设计必然强调"情境化"教学设计，这一点在李吉林老师的"情境教学"主张中得到充分体现。他指出："教学理应顺乎学生发展规律，滋润情感的幼芽，点燃智慧的火花，让他们显示各自的聪明才智和潜在的力量，从中获得认识的快乐、成功的快乐。"而只有在一定鲜活生动的情境中，教学才能顺应学生的发展规律，并能滋润其情感，点燃智慧的火花。这样的教学要求在进行课程设计时注意所选内容及组织编排内容时"留有余地"，以便于教学中灵活地运用情境。

※ 二、建构主义视野下的课程设计实践探索

基于建构主义的知识观、学生观、教学观和情境观，课程设计过程中应坚持直接经验与间接经验相结合的原则、主观性与客观性相结合的原则、稳定性与动态性相结合的原则，课程目标由"具体"转向追求"模糊"，与之相应，课程内容也具有"生成性"，因而得以扩充。

（一）建构主义视野下课程设计的基本原则

1. 直接经验与间接经验相结合

现代课程论倾向于把课程定义为"学生通过学校教育获得旨在促进其身心全面发展的教育性经验"。从建构主义的角度来看，这一关于课程的定义既强调学生的主体性又强调经验的获得。建构主义知识观认为所谓经验，应该也是不断生成的，包括直接经验和间接经验，即通过学习主体自身的实践、体验，将所学知识内化。完善自身的认知结构，这一过程实际上也是直接经验与间接经验相互综合、相互渗透的过程。在这一过程中，学习主体已有的知识经验及其自身的实践、体验所得经验为直接经验，而学校给学习主体提供的教育环境中包含的知识多为间接经验。建构主义指导设计课程中必须遵循直接经验与间接经验相结合的原则，因为它们都强调对主体经验和主体活动的关注。课程设计过程中应关照学习主体的直接经验，兼顾间接经验的选择、组织、安排，将二者合理地联系起来，以便提高教学效率。

2. 主观性与客观性相结合

建构主义者认为，课程本身及学习者都具有主观性，课程是知识的表现形式，建构主义知识观的核心是知识主观性的存在，是学习者个体经验的总结，因而课程也具有主观性。建构主义学生观认为学习者是独立的、有思维的活动个体，在课程实施中主动构建自身知识体系，显然是具有主观性的。从马克思主义唯物辩证法的角度来看，学习者本身就具有主观能动性。因而课程设计要尊重课程和学习者的主观性。此外，课程设计的实质，就是从人类社会历史经验——科学和生活中选择什么、怎样组织、安排的问题。人类社会历史经验是已经存在的，具有历史客观性，课程设计还受一定文化环境的影响，而文化环境也是客观存在的；课程设计还受一定社会文化环境的影响，而社会文化条件是客观存在的。因而课程设计要将学生主体的主观性与人类社会历史和存在的客观性相统一。

3. 稳定性与动态性相结合

建构主义强调以学生为中心的课程设计方向。基于建构主义学生观，一方面，学生在一定阶段具有相对稳定的性格特征和智力发展水平；另一方面，课程目标及教育的最终目

标是为了促进学生经验的增长、个体的发展，同时课程设计要体现出动态变化。建构主义知识观强调知识是动态的、生成性的，但一定历史时期的知识也具有相对稳定性。基于此，课程设计既要有明确的对象和内容，制订相对稳定的教学计划（学校课程目标）及教学大纲（学科课程标准），又要尊重学生知识的动态生成性并顺应知识日新月异的时代发展背景，体现课程设计的灵活性。

（二）建构主义视野下的课程目标

课程目标是指一定教育阶段的学校课程力图促进该阶段学生的身心发展所需要达到的预期程度。课程目标是教育目的的转化，传统课程理论认为课程目标是课程结构的核心部分，一旦目标确定就不再改变，课程实施严格围绕目标进行，并且往往将目标着眼于学生对知识的掌握程度，这是较为狭隘的理解。建构主义情境观应用于课程领域，似乎"模糊"了以往的课程目标。建构主义者认为课程目标是在教学过程中逐渐凸显的，而不是事先预设的。因为"目的是演进着的，而不是预先存在的。目的是演进中的教育过程的方向的性质，而不是教育过程的某些具体阶段的，或任何外部东西的方向的性质。它们对教育过程的价值，在于它们的挑战性，而不在于它们的终极状态"。建构主义者认为，课程设计的过程中关于课程目标的设定可以是模糊的，或者是宏观的，而不是具体的。建构主义者认为，课程目标在于学生的知识、能力、个性的全面发展，在于培养学生的创新能力。此外，所谓"发展"，其本身就是一个"模糊"的标准，是动态生成性的发展的状态。

（三）建构主义视野下的课程内容

对课程理解的不同，会导致在课程设计过程中对课程内容选择的不同。建构主义知识观强调课程知识的动态性、生成性，强调教学是学习者的主动性及其经验的建构。因而，在建构主义指导下，课程内容已打破原有的僵化、呆板的状态，也摆脱了"利用过去的教材，教导现在的学生，面对未来的挑战"的尴尬境地。世界在发展，人类在进步，以文化为基础的课程内容也应该不断扩充和更新。

建构主义在扩充课程内容方面的影响具体体现在两个方面。一方面，建构主义改变了以往的课程资源观，在新课程改革下课程资源观表现为生活世界处处有课程资源，教材、课程标准是基本而特殊的课程资源，教师、学生是重要的课程资源，教学过程是课程资源生成的过程。另一方面，建构主义影响了课程内容的选择，传统的课程观认为课程内容选择的主动权在课程专家和教师手中。建构主义强调学习者的主体性，学生也有选择课程内容的权利，并且应该是确定课程内容的主体。课程目标在于促进学生知识能力、情感等各方面的发展。课程内容的选择也应依据学生的兴趣、发展方向而定。课程内容选择权的扩大化，必然有助于扩充课程内容。

在新课程改革中，建构主义与课程相结合是必然的。一方面，这是建构主义发展渗透到各个领域的必然趋势；另一方面，也是课程改革中不断探索新途径解决课程发展中存在的问题的必然要求。课程设计是新课程改革的一个重要方面，建构主义知识观、学生观、教学观、情境观等思想主张渗透课程领域，不仅为课程设计理念的转变提供了有力的理论支撑和依据，而且为课程设计实践提供了工具性的方法指导。

第二节　大学英语教学模式改革的实践与理论

自我国发布实施《大学英语课程教学要求》以来，大学英语教学有了较大的进步和发展，但从目前实际情况来看，教学模式改革仍然面临着一些未解决的老问题。为了提高我国大学英语教学的质量和成效，就必须加大对教学模式的改革和创新。

※　一、我国大学英语教学模式改革的背景

长期以来，我国大学英语教学普遍采用较为单一的模式，大致遵循"复习旧课—引入新课—学习新课—作业布置"这样一套较为固定的教学程序，且教学手段局限于课本、板书、录音机等，多采用"教师讲、学生听"的填鸭式大班教学，教学效果的评价主要是期末考试成绩或四、六级考试成绩，教学目的也是更多的学生通过考试。即使最近几年随着多媒体技术的发展，部分教师将其引入课堂，但很多教师也仅仅是将黑板上的板书移植到PPT，将听力播放工具从录音机转移到电脑。因此，这样一种传统的教学模式，使得我国学生在学习英语方面存在持续时间长、应用能力差的现状。很多学生通过多年的英语学习，仅仅是为了通过考试，甚至通过考试也相当困难，在语言的实际应用能力方面和社会对人才英语能力要求存在较大的差距。出现这样的尴尬局面，较为重要的原因之一是对教学活动本质认识上存在偏差。教学活动不是"教师教、学生学"这样一个简单的过程，它是涉及教师、学生、教材、教法、教学理念及手段、教学评价方式等多种影响因素的复杂过程。因此，要想提高教学效果，就要结合我国英语教学的实际情况，认真分析影响教学效果的多种因素，改革教学模式，从而推动我国大学英语教学不断发展。近年来，教育部在推行《大学英语课程教学要求》等方面的举措，就是充分考虑教学模式的重要性并进行改革所做的努力。

※　二、我国大学英语教学模式改革的主要支撑理论

（一）认知主义

按照学习理论的分类，教学理论相应地可以分为联结说理论和格式塔理论。联结说理论在20世纪60年代发展为行为主义，而格式塔理论则发展为认知主义。认知主义将知识的实质、如何获得知识、怎样把知识应用到创造性活动等作为研究范围。行为主义认为学习是受外部环境的支配而被动地进行"刺激—反应联结"的过程，是在不断地练习和强化

的过程中形成的类似于条件反射的习惯。而认知学派则认为学习是学习者内部心理结构的形成和改组，该过程包括信息输入和输出的加工。学习者在获得新知识的过程中，其本身已经拥有的知识、经验发挥了极其重要的作用。来自外部信息的输入刺激会将学习者长时记忆的信息激活，而被激活的认知结构则对学习者消化吸收新信息提供了"必要的机制"。由此看来，认知主义认为学习者获得知识不是依靠教师的灌输，不是被动的接受者，而是要作为学习活动的主动参与者去探索发现。因此，从认知理论的角度出发，学习语言是一项复杂的知识技能的习得过程，学习者可以利用元认知了解整个学习的过程，并据此制订学习计划、自我监控学习过程、开展学习效果的自我评价等。

（二）建构主义

学界通常认为建构主义是认知主义的发展延续，它不是一种完全区别于认知主义的观念，但两者存在的不同之处是建构主义更加强调知识构建过程中的主观性。在构建主义者看来，语言知识的获得是在一定的社会文化背景之下，借助他人帮助并利用学习语言的资料，通过意义构建而习得的过程。因此，学习语言的过程并非教师将知识单向传递给学生，也并非简单的信息积累过程，而是学习者主动地构建自身知识的过程。在这个构建过程中，教师起到帮助者和促进者的作用，学生成为教学的中心，是主动参与者。同时，构建主义者还强调知识构建的情境，在一定的情境下学习者可以通过互动和合作进行学习。学习者在习得语言知识过程中，要依靠自我经验及别人的协作，教师在这一过程中设计适宜的教学情境，激发学生学习的动机并使其学会自主学习，帮助学生构建所学新知识的意义。

（三）人本主义

人本主义是 20 世纪 50—60 年代兴起的一个重要学术流派。该流派不赞同行为主义者将人当作动物或者机器而忽视了人本身发展的观点，同时也不赞同认知主义重视认知结构而忽视人的价值、态度、情感等因素对学习所具有的影响。它认为在学习过程中，学习者具有主体地位，强调学习者的潜能和学习过程。人本主义是从一个全新的角度来研究学习，它看重学习者的自我实现。根据人本主义的观点，语言教学不是教育的全部，因为学生都是活生生的人，他们是有自己思想、情感、各种需求的。教育是帮助学生学会学习，赋予学习经验个体意义，促进学习者的成长。因此，教师不应当将学生简单地看作教育对象，而应将其视为学习的主体，是整个教学活动的平等参与者。学习不再仅仅是简单的认知成分的参与，而是要使学生在学习过程中实现自身潜能和更全面、更充分的发展。教师在这一过程中，不仅仅是学生学习的促进者和帮助者，还应当是学生人格成长方面的促进者和帮助者。

※ 三、我国大学英语教学模式的改革方向

（一）改变教学理念

我国大学英语教学已有很长的历史，也陆续从其他国家引入了不少教学理论和方法，但因我国大学生人数多、英语教育资源不足等，很多教学理念和方法都没有很好地与我国高校实际相结合，且很多教学理念和方法都停留在口头上。如果从现代先进的教学理念出发，结合我国实际，就能更好地提高大学英语教学的成效。

1.改变以教师为主体的教学思想

多年来，传统的英语教学模式均以教师为主体，采取填鸭式的教学，导致耗费时间较多，效率较为低下。因为这样的教学方式忽略了学生在学习过程中的参与，忽视了学生是学习主体的客观规律，束缚了学生的能力发展，与当前普遍认同的教育理念背道而驰，也背离了我国高校深化课堂教育改革的主题。因此在教学过程中，应当将学生作为整个学习的中心，努力培养其自主学习的能力。

2.改变以传授语言基础为主的教学方式

英语词汇、语法等基础知识是一种积累，而听、说、读、写、译等应用能力则是在此基础上的提高。不具备一定的基础知识，语言的应用能力就是无本之木，但是具有基础知识并不代表具有应用能力。学习一门外语的目的就是在实践中加以应用。只有改变传授语言基础为主的教学方式，在打好基础的同时并重语言的应用能力，才能适应社会对人才的需求。

3.改变"授人以鱼"的教学现状

在传统的大学英语教学过程中，普遍存在"重知识、轻能力"的现状，包括语言在内的知识都在随着时代的进步不断更新，终身学习的理念已经得到国际教育界的普遍认同。只有改变英语教学中重知识的传授而轻视语言学习方法的状况，让学生学会学习语言，才有利于学生今后的不断学习、不断发展。学生只有学会了学习的方法，才能在无教师的情况下，自主学习，并进行自我提高。

（二）创新课堂模式

传统的课堂模式因形式单一、班级人数较多等因素的制约，采取一刀切，很难考虑到学生的个体性和差异性，不利于不同学生个体的英语学习，因此应当对其进行创新。改进传统课堂模式的同时，应充分利用新型课堂模式。

1.采用自主式教学

为了学生更好地学习英语，为其今后继续学习打下基础，应当帮助学生进行自主、自觉、独立的学习。要实现自主式教学，就应当改变目前将英语学习作为学生毕业硬性指标

的现状。这一现状导致许多学生为了毕业而学习英语，考试通过后就完全放弃学习。要实现自助式教学形式，可根据学生的实际情况，采取分级教学，并根据学生的不同情况，在课堂设计时充分考虑不同层级学生的需求，避免"一刀切"，避免有的学生不够学，有的学生压力大。

2. 充分利用网络教学

网络教学不仅可以充分利用文字、图像资源，还可以有机结合声音、动画等，极大地提高了英语学习的趣味性，激发了学生学习英语的兴趣，增强了学生学习的主动性。网络教学可以由网络即时交际、网络资源检索、网络学习评价、休闲娱乐等多种方式组成。此类学习过程中，教师要加强对学生在学习过程中的引导、监督、反馈等。

3. 革新传统教学

虽然传统的课堂教学存在一定的弊端，但其长期发展过程中积累了很多可取之处，不能仅仅因为创新而完全将其舍弃。在采用各种新型课堂形式的同时，应该革新传统教学，"取其精华，去其糟粕"，为学生学习英语创造和谐宽松的环境，不断提高教师的教学技能，更新教学理念，多管齐下，提高大学英语教学成效。

（三）改革评价方式

长期以来，总结性评价模式将考试作为我国大学英语教学最重要的评价手段，这样的评价方式显得比较单一，不利于形成全面性、多样化的评价体系，也在一定程度上导致学生，甚至相当数量的教师重视考试结果而忽略语言能力的提高，更不利于大学英语教学模式的改革。《大学英语课程教学要求》就为改革提供了政策上的导向，它提倡大学英语教学评价从传统的终结性评价转变为形成性评价与综合性评价相结合、教师评价与学生评价相结合的模式。根据学习的本质，大学英语教学效果的评估应强调对学习过程的评价而不是对考试成绩的过分重视。同时，新的要求从之前注重语法、阅读为主转变为更加重视学生的听说能力以及语言的综合应用能力。这就将评价方式从传统的单一的总结性评价方式转变为综合的评价体系。以往的评价方式主要注重结果，而新的评价方式贯穿整个教学过程，评价可以在平时教学过程中不断进行。这样综合、即时的评价能使师生得到快速反馈，教师可以根据反馈及时调整和改进教学过程中的不足，学生也可以更快地了解自己学习过程中掌握语言能力的实际情况。新的评价方式还强调"考试应以评价学生的英语综合应用能力为主，不仅要对学生的读写译能力进行考核，而且要加强对学生听说能力的考核"。不仅仅是对学生的考核评价，还包括对教师在"教学态度、教学手段、教学方法、教学内容、教学组织和教学效果"等方面的考核。学校应采用这样的评价体系，不像过去那样仅仅以期末考试、四、六级考试等考试成绩来评价本校的英语教学效果，而是更加注重提高教师的教学能力和学生的英语语言能力及个人的发展。

近年来，我国在大学英语教学方面有了显著的进步，尤其是在教学模式方面有了较大的发展，学生的英语水平也有了很大的提高。世界各国往来更加频繁，我国也将不断深入改革开放，相应的我国大学英语教学模式也必须不断改革发展，才能满足社会对人才提出的新要求。

第三节　教学系统设计的理论与方法

※ 一、教学系统设计的理论基础

（一）传播理论与教学设计

1. 传播过程到教学传播过程要素的演绎

哈罗德·拉斯韦尔（Harold Dwight Lasswell）提出的 5W 公式描述了传播过程中颇具代表性的大众传播过程的五个基本要素和直线式的传播模式（见表 5-1、如图 5-1 所示）。

表 5-1　大众传播过程的五个基本要素

Who	谁	教师或其他教学信息源
Say what	说什么	教学内容
In which channel	通过什么渠道	教学媒体
To whom	对谁	教学对象
With what efect	产生什么效果	教学效果

图 5-1　直线传播模式

1958 年，布雷多克（Bnuklock）在此基础上发展了"7W"模型的教学传播过程（实际上增加了两个要素）：

Why　　　为什么　　　教学目的

Where　　在什么情况下　教学环境

之后这些要素就成为研究教学过程、解决教学问题的教学设计所关心和考虑的重要因素。

2. 传播理论揭示教学过程要素之间的相互联系

1960 年，伯罗（D.K.Berlo）在拉斯韦尔研究的基础上，提出了 SMCR 的传播过程模式（如图 5-2 所示），进一步解释了教学信息传播过程的复杂性。

他指出传播的最终效果不是由传播过程中某一部分决定的，而是由组成传播过程的信息源、讯息、通道和接受者四个部分以及它们之间的共同关系决定的，而传播过程的每一个组成成分又受其自身因素的制约，所以传播过程从信息源到信息接收者，至少有五个因素影响信息传递效果：

①传播技能。传者的表达、写作技能和接受者的听读技能都会影响传播效果。

②态度。传者和接受者自身的态度、对所传信息内容以及彼此间的态度等。

③知识水平。传者对所传播的内容是否完全掌握，对传播的方法、效果是否熟知，接受者原有的知识水平等。

④社会文化及背景。不同的社会阶层和文化背景也影响传播方法的选择和对传播内容的认识和理解。再从"讯息"这个要素来看，它也受讯息内容、讯息要素以及讯息处理、结构安排和编码方式等各种因素的制约。

⑤信息传递通道。不同的传播媒体与所传递信息的匹配不一样，对感官的刺激就不同，从而影响传播效果。

图 5-2　SMCR 模型

3. 传播理论指出了教学过程的双向性

1954 年，奥斯古德（Charles Egerton Osgood）和施拉姆（Schramm）提出了奥斯古德—施拉姆模型（如图 5-3 所示），核心是在传播过程中建立反馈系统。

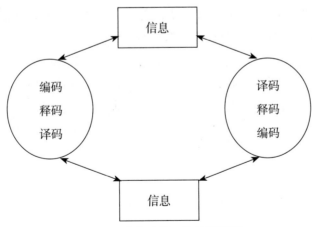

图 5-3　奥斯古德—施拉姆模型

教学信息是通过教师和学生双方的传播行为来实现的，所以，教学设计必须重视教与学两方面的分析与安排，并充分利用反馈信息，通过反馈环节随时进行调整和控制，以达到预期的学习效果。

4.传播过程要素与教学设计过程要素的比较

在相应的领域，如传播内容分析、受众分析、媒体分析、效果分析等研究成果在不同程度上为教学设计中的学习内容分析、学习者分析、教学媒体的选择及教学评价等环节所吸收见表 5-2。

表 5-2　传播过程要素与教学设计过程要素

序号	传播过程要素	教学设计过程要素
1	为了什么目的	学习需要分析、教学目标的分析
2	传递什么内容	学习内容分析
3	由谁传递	教师、教学资源的可行性分析
4	向谁传递	学习者分析
5	如何传递	教学策略选择、教学媒体选择
6	在哪里传递	教学环境分析
7	传递效果如何	教学评价

（二）学习理论与教学设计

学习理论是探究人类学习的本质及机制的心理学理论，而教学设计是为学习创造环境，是根据学习者的需要制订不同的教学计划，在充分发挥人类潜力基础上促进人类潜力的进一步发展，因而教学设计必须广泛了解学习及人类行为，以学习理论作为其理论基础。

1.学习理论

学习理论主要有行为主义学习理论、认知主义学习理论、建构主义学习理论、人本主义学习理论。

（1）行为主义学习理论

行为主义学习理论诞生于 20 世纪初期，它是在反对结构主义心理学的基础上发展起来的，其代表人物有巴甫洛夫、桑代克、斯金纳、班杜拉等。行为主义的学习理论可以用公式 S—R 来表示，其中 S 表示来自外界的刺激，R 表示个体接受刺激后的行为反应。他们认为个体在不断接受特定的外界刺激后，就可能形成与这种刺激相适应的行为表现，他们把这个过程称为 S—R 联结的学习行为，即学习就是刺激与反应建立了联系。行为主义学习理论"重视与有机体生存有关的行为的研究，注意有机体在环境中的适应行为，重视环境的作用"。

①巴甫洛夫的经典条件反射

巴甫洛夫是经典条件反射学说的创立者。巴甫洛夫在研究狗的消化生理现象时，做了一个实验。他先给狗听一个铃声，狗没有反应，然而在给狗铃声之后紧接着呈现食物，并经反复多次结合后，单独听铃声而没有食物，狗也"学会"了分泌唾液。铃声与无条件刺激（食物）的多次结合从一个中性刺激变成了一个条件性刺激，引起了分泌唾液的条件性反应。巴甫洛夫将这一现象称为条件反射，即经典条件反射。

经典性条件作用的主要规律如下：

A. 保持与消退。巴甫洛夫发现，在动物建立条件反射后继续让铃声与无条件刺激（食物）同时呈现，狗的条件反射行为（唾液分泌）会持续地保持下去。但当多次伴随条件刺激物（铃声）出现而没有相应的食物时，则狗的唾液分泌量会随着实验次数的增加而自行减少，这便是反应的消退。教学中，有时教师及时的表扬会促进学生暂时形成某一良好的行为，但如果过了一些时候，当学生在日常生活中表现出良好的行为习惯而没有再得到教师的表扬，这一行为很可能会随着时间的推移而逐渐消退。

B. 分化与泛化。在一定的条件反射形成之后，有机体对与条件反射物相类似的其他刺激也做出一定的反应的现象称为泛化。比如，刚开始学汉字的孩子不能很好地区分"未"跟"末"或"日"跟"曰"。如果只强化条件刺激，而不强化与其相似的其他刺激，就可能导致条件作用的分化。比如在体育教学中，教师帮助学生辨别动作到位和不到位时的肌肉感觉，从而使学生动作流畅、有力。

C. 高级条件作用。在条件作用形成以后，条件刺激可以像无条件刺激一样诱发出有机体的反应。这种由一个已经条件化了的刺激来使另一个中性刺激条件化的过程，称为高级条件作用，即在一级条件作用的基础上建立二级条件作用，在二级条件作用的基础上建立三级条件作用。

D. 两个信号系统理论。凡是能够引起条件反应的物理性条件刺激称为第一信号系统的刺激；凡是能够引起条件反应、以语言符号为中介的条件刺激称为第二信号系统的刺激。"谈虎色变"就属于第二信号系统的条件作用。人类学习与动物学习的本质区别就在于有了以语言为主的第二信号系统。

②华生对经典条件作用的发展

A. 华生的刺激—反应学说。行为指的是有机体所说的所做的，是能直接观察到的。刺激指的是外界环境中的任何东西以及各组织所起的种种变化；反应指的是有机体所做的任何动作。华生认为组成行为的基本单位是刺激—反应（S—R）。刺激—反应之间的联系是直接的，不存在心理、意识的中介。

B. 刺激反应学说的基本观点。学习就是以一种刺激替代另一种刺激建立条件作用的过程。人类出生时只有几个反射（如打喷嚏、膝跳反射）和情绪反应（如爱、怒、惧等），所有其他行为都是通过条件作用建立新刺激—反应联结而形成的。学习的实质在于形成习惯，学习的过程乃是形成习惯的过程，即刺激与反应间牢固联结的过程。

③桑代克的联结学说

美国实证主义心理学家桑代克用科学实验的方式来研究学习的规律，提出了著名的联结学说。桑代克的实验对象是一只可以自由活动的饿猫。他把猫放入笼子，然后在笼子外面放上猫可以看见的鱼、肉等食物。笼子中有一个特殊的装置，猫只要一踩笼中的踏板，就可以打开笼子的门闩出来吃到食物。一开始猫放进去以后，在笼子里上蹿下跳，无意中触动了机关，于是它就非常自然地出来吃到了食物。桑代克记下猫逃出笼子所花的时间。然后又把它放进去，进行又一次尝试。桑代克认真地记下猫每一次从笼子里逃出来所花的时间，他发现随着实验次数的增多，猫从笼子里逃出来所花的时间在不断减少。到最后，猫几乎是一被放进笼子就去启动机关，即猫学会了开门闩这个动作。

通过这个实验，桑代克认为所谓的学习就是人和动物通过不断地尝试形成刺激—反应联结，从而不断减少错误的过程。他把自己的观点称为试误说。试误说的主要内容有三方面：学习的实质在于形成一定的联结；一定的联结是通过尝试错误（试误）过程而自动形成的，不需要以观念为中介；学习是试误过程，主要受练习律、效果律与准备律的支配；动物的学习是盲目的，而人的学习是有意识的。

桑代克根据自己的实验研究得出了三条主要的学习定律：

A. 准备律。在进入某种学习活动之前，如果学习者做好了与相应的学习活动相关的预备性反应（包括生理和心理的），学习者就能比较自如地掌握学习的内容。

B. 练习律。对于学习者已形成的某种联结，在实践中正确地重复这种反应会有效地增强这种联结。因而就小学教师而言，重视练习中必要的重复是很有必要的。另外，桑代克也非常重视练习中的反馈，他认为简单机械的重复不会造成学习的进步，告诉学习者练习正确或错误的信息有利于学习者在学习中不断纠正自己的学习内容。

C. 效果律。学习者在学习过程中所得到的各种正或负的反馈意见会加强或减弱学习者在头脑中已经形成的某种联结。效果律是最重要的学习定律。桑代克认为学习者学习某种知识以后，即在一定的结果和反应之间建立了联结，如果学习者遇到一种使他们心情愉悦的刺激或事件，那么这种联结会增强，反之会减弱。他指出，教师尽量使学生获得感到满意的学习结果显得尤为重要。

④斯金纳的操作条件反射学说

继桑代克之后，美国又一位著名的行为主义心理学家斯金纳用白鼠作为实验对象，进一步发展了桑代克的刺激—反应学说，提出了著名的操作条件反射学说。

与桑代克相类似的是，斯金纳也专门为实验设计了一个学习装置——"斯金纳箱"。箱子内部有一个操纵杆，只要当饥饿的小白鼠按动操纵杆，小白鼠就可以吃到一颗食丸。开始的时候小白鼠是在无意中按下了操纵杆，吃到了食丸，但经过几次尝试以后，小白鼠"发现"了按动操纵杆与吃到食丸之间的关系，于是小白鼠会不断地按动操纵杆，直到吃饱为止。斯金纳把小白鼠的这种行为称为操作性条件反射或工具性条件反射。斯金纳与桑代克的主要区别在于：桑代克侧重于研究学习的 S—R 联结，而斯金纳则在桑代克研究的基础上进一步探讨小白鼠乐此不疲地按动操纵杆的原因——小白鼠每次按动操纵杆都会吃到食丸。在这一实验中，白鼠学会了按压操纵杆而获取食物的反应，把强化（食物）与操作性反应联系起来，形成了操作性条件作用。

操作性条件作用的主要规律有：

A. 强化。所谓强化，是指能够增强反应频率的后果。行为之所以发生变化就是因为强化作用。强化的作用在于改变同类反应在将来发生的频率。强化又分正强化和负强化。正强化通过呈现想要的愉快刺激来增强反应频率。负强化通过消除或中止厌恶、不愉快刺激来增强反应频率。凡是能够增强反应频率的刺激或事件称为强化物。

B.惩罚与消退、维持。当有机体做出某种反应之后，呈现一个厌恶刺激或不愉快刺激，以消除或抑制此类反应的过程，被称为惩罚。惩罚与负强化不同：负强化是通过消除厌恶刺激来增加反应在将来发生的频率，而惩罚是通过呈现厌恶刺激来降低反应在将来发生的频率。

有机体做出以前曾被强化过的反应，如果在这一反应之后不再有强化物的伴随，那么这一反应在今后发生的概率便会降低，这种现象消退消退。

维持就是行为的保持。操作性条件作用一旦形成，为了永久保持所获得的行为，应当逐渐减少强化的频次，或者使强化变得不可预测。

C.逃避条件作用与回避条件作用。当厌恶刺激或不愉快情境出现时，有机体做出某种反应，从而逃避了厌恶刺激或不愉快情境，则该反应在以后的类似情境中发生的概率便会增加，这类条件作用称为逃避条件作用。但预示厌恶刺激或不愉快情境即将出现的信号呈现时，有机体自发地做出某种反应，从而逃避了厌恶刺激或不愉快情境的出现，则该反应在以后的类似情境中发生的概率也会增加，这类条件作用称为回避条件作用。"防患于未然"就属于回避条件作用。

（2）认知学习理论

20世纪60年代以后，随着认知心理学的诞生，学习理论开始重视研究学习者处理环境刺激的内部过程和机制，用S—O—R（O即学习的大脑加工过程）模式来取代简单的没有大脑参与的S—R联结，强调有机体的学习是在大脑中完成的对于人类经验重新组织的过程，主张人类的学习模式不应该简单地观察实施刺激以后的有机体的反应方式，而应该重视学习者自身的建构和知识的重组，应该强调不同类型的学习有不同类型的建构模式，主张在教学中要加强学习者有意义学习的比重，运用同化与顺应的方法有效地促成学习者知识结构的建立。认知学派的主要代表人物有布鲁纳、奥苏贝尔、加涅、皮亚杰等。

①布鲁纳的认知结构学习理论。

布鲁纳的主要教育心理学理论集中体现在1960年出版的《教育过程》一书中。对于布鲁纳在教育心理学方面做出的卓越成就，美国一本杂志曾这样评价："他也许是自杜威以来第一个能够对学者和教育家谈论智育的人。"这足以看出布鲁纳在学术界的崇高威望。

A.重视学科基本结构的掌握。布鲁纳强调"不论我们选教什么学科，务必使学生理解该学科的基本结构"。所谓"基本"，就是具有既广泛而又强有力的适用性，学科的基本结构包括基本概念、原理及基本态度和方法。

B.掌握学科基本结构的教学原则：a.动机原则。几乎所有的学生都具有内在的学习愿望，具有求知欲、成功的欲望和人与人之间和睦共处的需要，内部动机是维持学习的基本动力。b.结构原则。任何知识结构都可以用动作、图像和符号三种表象形式来呈现。教师应根据学生的年龄、知识背景和学科性质选择最好的呈现方式。c.程序原则。通常每门学科都存在着各种不同的程序，要根据过去所学习的知识、智力发展的阶段、材料的性质以及个别差异等采取学习者适用的具体程序。d. 强化原则。反馈和强化是学习成功的重要一环。

C. 强调基础学科的早期教学。布鲁纳有句名言："任何学科的基础知识都可以用某种形式教给任何年龄的任何人。"因此，他主张将基础知识下放到较低的年级教学，他认为任何学科的最基本的观念都是既简单又强有力的，教师如果能够根据各门学科的基本概念按照儿童能够接受的方式开展教学的话，就能够帮助学生缩小"初级"知识和"高级"知识之间的距离，有效地促进知识之间的迁移，引导学生早期智慧的开发。他认为，加强基础学科的早期教学，让学生理解基础学科的原理，向儿童提供具有挑战性但是适合的机会使其步步向前，有助于儿童在学习的早期就形成以后进一步学习更高级知识的同化点。布鲁纳列举了物理学和数学学习中的例子来进一步说明，如果儿童能早早懂得学科学习的基本原理的话，就能更容易地完成学科知识的学习，他把这种对学科基本原理的领会和掌握称为通向"训练迁移"的大道，其意义在于不仅能够帮助儿童理解当前学习所指向的特定事物，而且"能促使他们理解可能遇见的其他类似的事物"。

D. 主张学生的发现学习。所谓发现是指学习者独自遵循他们自己特有的认识程序亲自获取知识的一切方式。教学是要促进学生智慧或认知的生长，"教育工作者的任务是要把知识转换成一种适应正在发展着的学生的形式，以表征系统发展的顺序，作为教学设计的模式"。由此，教师在教学中要使用发现学习的方法。

使用发现法应遵循四个步骤：a. 创设问题情境，提出学生感兴趣的问题；b. 激发学生探究的欲望，提供解决问题的各种假设；c. 从理论上或实践上检验自己的假设；d. 引导学生运用分析思维去验证结论，最终使问题得到解决。

布鲁纳之所以强调在教学中要重视学生的发现学习，原因在于他通过比较研究发现学习和接受学习，看到发现学习有以下几个比较明显的优点：第一，有助于激发学生的好奇心和探索未知事物的兴趣；第二，有助于调动学生的内部动机和学习的积极性；第三，有助于学生批判性、创造性思维的发展。

当然，发现法自身也有局限：只有极少数高水平的学生能真正用发现法学习，对于学得慢的学生来说，发现学习是比较难的；对发现学习的界定缺乏科学性和严谨性；发现学习比较费时，很难保证学习水平。

②奥苏贝尔的认知同化理论

奥苏贝尔是美国的认知心理学家，他对教育心理学的杰出贡献集中体现在他对有意义学习理论的表述中。他在批判行为主义简单地将动物心理等同于人类心理的基础上，创造性地吸收了皮亚杰、布鲁纳等同时代心理学家提出的著名的有意义学习、先行组织者等理论，并将学习论与教学论两者有机地统一起来。

A. 有意义学习。奥苏贝尔学习理论的核心是有意义学习。他指出："有意义学习过程的实质就是符号所代表的新知识与学习者认知结构中已有的适当观念建立非人为的和实质性的联系。"在他看来，学习者的学习，如果要有价值的话，应该尽可能地有意义。奥苏贝尔将学习分为接受学习和发现学习、机械学习和意义学习，并明确了每一种学习的含义及其相互之间的关系。为了有效地区分这四种学习，奥苏贝尔提出了有意义学习的两条标准：第一条，学习者新学习的符号或观念与其原有知识结构中的表象、有意义的符号、概念或命题等建立联系，如学习者在了解哺乳动物的基本特征后，再对照特征，知道鲸也属于哺乳动物家族中的一员；第二条，新知识与原有认知结构之间的联结是建立在非人为的、合乎逻辑的基础上的，如四边形的概念与儿童原有知识体系中的正方形的概念的关系并不是人为地强加的，它符合一般与特殊的关系。

奥苏贝尔在提出有意义学习标准的基础上进一步指出了有意义学习的两大条件：一是内部条件，学习者表现出有意义学习的态度倾向，即学习者表现出积极地寻求把新学习的知识与本人认知结构中原有知识联系起来的行为倾向性；二是外部条件，所要学习的材料本身要符合逻辑规律，能与学习者本人的认知结构、认知特点相吻合，在学习者的认知视野之内。

奥苏贝尔提出了人类存在的两种主要的有意义学习的类型：

一是表征学习，主要指词汇学习，即学习单个符号或一组符号代表的是什么意思。比如"cat"这个单同，对于刚刚接触英语的孩子来说是无意义的，但老师多次指着猫对孩子说"这就是'cat'"，最后孩子自己看见猫的时候也会说"这就是'cat'"，这时候我们就能说孩子对"cat"这个符号已经获得了意义。

二是概念学习，主要指学习者掌握同类事物的共同的关键特征。比如学习者学习了"鸟"的概念，知道了鸟的共同的关键特征是体温恒定、全身有羽毛后，儿童能指出鸡也应该属于鸟类，这个时候我们就能说学习者已经掌握了"鸟"这个概念了。

三是命题学习，命题学习必须建立在概念学习的基础上，是学习若干概念之间的关系或把握两个（或两个以上）特殊事物之间的关系的活动。这是一种最高级别的学习类型。学习若干概念之间的关系称为概括性命题学习，比如学习长方形的面积等于长乘以宽，这里的面积、长、宽可以代表任意长方形的面积、长和宽，而这里的乘积表示的是任意长与宽之间的联系。

B.知识的同化。奥苏贝尔学习理论的基础是同化。他认为学习者学习新知识的过程实际上是新旧材料之间相互作用的过程，学习者必须积极寻找存在于自身原有知识结构中的能够同化新知识的停靠点，这里同化主要指的就是学习者把新知识纳入已有的认知结构中去，从而引起量变的过程。奥苏贝尔指出，学习者在学习中能否获得新知识，主要取决于学生个体的认知结构中是否已有有关的概念（是否具备同化点）。教师必须在教授有关新知识以前了解学生已经知道了什么，并据此开展教学活动。

奥苏贝尔按照新旧知识的概括水平及其相互间的不同关系，提出了三种同化方式。

一是下位学习（又称为类属学习），主要是指学习者将概括程度处在较低水平的概念或命题纳入自身认知结构中原有概括程度较高水平的概念或命题之中，从而掌握新学习的有关概念或命题。按照新知识对原有知识产生影响的大小，下位学习又可以分为两种。一种是派生类属学习，即新学习的知识仅仅是学习者已有概念或命题的一个例证或是一种派生物。例如，学习者掌握了个性心理的基本特征后，就不难理解个性心理中具有代表性的性格特征了，这种学习不仅使新知识获得了意义，而且使原有知识获得了证实或扩充。另一种是当学习者获得一定的类属于原有概念或命题的新知识以后，自身原有的概念或命题进一步精确化，受到限制、修饰或扩展，这种学习称为相关类属学习。例如，学习者已经熟悉了"氯在点燃状态下可以与铁发生化学反应"的命题，现在学习新的命题"溴在点燃状态下也可以与铁发生化学反应"，后一命题与前一命题之间只是相关关系，后者不可以从前者中派生出来。

二是上位学习（又称为总括关系），是指在学习者已经掌握几个概念或命题的基础上，进一步学习一个概括或包容水平更高的概念或命题。如学习者在熟悉了"感知""记忆""思维"这些下属概念之后，再学习"心理过程"这个概括程度更高的新的概念，这个概括水平更高的新概念主要通过归纳原有下位概念的属性而获得意义。

三是并列结合学习。当新学习的概念和命题既不能与原有知识结构中的概念或命题产生下位关系，也不产生上位关系，而是并列关系时，这时的学习便只能采用并列结合学习。如学生在学习了心理过程的基本知识以后，再学习个性心理的有关知识，这时的学习就是并列结合学习。

奥苏贝尔还在有意义学习和同化理论的基础上提出了学习的原则与策略。

关于学习，他提出了三条原则。

一是逐渐分化原则。这条原则主要适合下位学习，奥苏贝尔认为学习者在学习新知识时，用演绎法从已知的较一般的整体中分化细节要比用归纳法从已知的具体细节中概括整体容易，因而教师在传授新知识时应该先传授最一般的、概括性最强的、包摄性最广的概念或原理，然后再根据具体细节逐渐加以分化。二是综合贯通原则。这条原则主要适合上位学习和并列结合学习。奥苏贝尔主张教师在用演绎法渐进分化出新知识的同时，还要注意知识之间的横向贯通，要及时为学习者指出新旧知识间的区别和联系，防止由于表面说法的不同而造成知识间人为的割裂，促进新旧知识的协调和整合。三是序列巩固原则。这条原则主要针对并列结合学习，该原则指出对于非上位、非下位关系的新旧知识可以使其序列化或程序化，使教材内容由浅入深、由易到难。同时，奥苏贝尔也指出，对于这类知识的学习，教师还应该要求学习者及时采取纠正、反馈等方法复习回忆，保证促进认知结构中原有观念的稳定性以及对新知识掌握的牢固性。

关于学习策略，奥苏贝尔为了有效地贯彻这三条原则，提出了具体的先行组织者策略。先行组织者是指在呈现新的学习任务之前，由教师先告诉学生一些与新知识有一定关系的，概括性和综合性较强、较清晰的引导材料，帮助学生建立学习新知识的同化点，以有效促进学习者的下位学习。根据所要学习的新知识的性质，奥苏贝尔列出了两种不同类型的先行组织者。对于完全陌生的新知识，他主张采用说明性组织者（或陈述性组织者），利用更抽象和概括的观念为下一步的学习提供一个可资利用的固定观念；对于不完全陌生的新知识，他主张采用比较性组织者，帮助学生分清新旧知识间的共同点和不同点，为学生获得精确的知识奠定基础。

③加涅的信息加工理论

学习阶段。加涅在对学习活动进一步分析的基础上，把与学习过程有关的教学分为以下八个阶段：

一是动机阶段。要使有效学习行为发生，学习者必须有学习意向，所以学习的准备工作就是由教师以引起学生兴趣的方法去激发学生的学习动机。

二是了解阶段。在这个阶段，教学的措施要引起学生的注意，提供选择性的知觉。主要的目的在于促使学习者将学习的注意力指向与他们的学习目标有关的各种刺激。

三是获得阶段。教学在此阶段的任务是支持学生把了解到的信息转入短时记忆系统，也就是对信息进行必要的编码和储存。教师可向学生提示编码过程，帮助学习者采用较好的编码策略来学习知识，以利于信息的获得。

四是保持阶段。这个阶段主要是让学习者把获得阶段所得到的信息有效地放到长时记忆的记忆存储器中去。存储信息的内部过程到底在多大程度上受教学方式的影响，现在还没有完全研究清楚。但是，加涅认为有效的学习应适当地安排条件，如同时呈现不同的刺激来代替相似刺激，由于相互间干扰的减少就可以间接地影响信息的保持。

五是回忆阶段。这也就是信息的检索阶段。在此阶段，为使所学的知识能以一种作业的形式表现出来，线索是必不可少的，因而加涅主张教学可以采取提供线索以引起记忆恢复的形式，或者采取控制记忆恢复过程的形式，以保证学生可以找到适当的恢复策略加以运用。另外，他认为教学还可以采用包括"有间隔的复习"等方式，使信息恢复有发生的机会。

六是概括阶段。在此阶段，教师提供情境，使学生学到的知识和技能以新颖的方式迁移，并提供线索，以应用于以前不曾遇到的情境。

七是作业阶段。在此阶段，大部分教学是提供应用知识的时机，使学生显示出学习的效果，并为下阶段的反馈做好准备。

八是反馈阶段。在此阶段，学生关心的是他们的作业接近或达到自己预期标准的程度。如果学生能够得到完成预期证实的反馈信息，对强化学习过程将有很大的影响。

（3）建构主义学习理论

建构主义是认知主义的进一步发展。在皮亚杰和早期布鲁纳的思想中已经有了建构的思想，但相对而言，他们的认知学习观主要在于解释如何使客观的知识结构通过个体与之交互作用而内化为认知结构。自20世纪70年代末期起，以布鲁纳为首的美国教育心理学家将苏联教育心理学家维果斯基的思想介绍到美国，对建构主义思想的发展起到了极大的推动作用。维果斯基在心理发展上强调社会文化历史作用，强调活动和社会交往在人的高级心理机能发展中的突出作用。他认为，高级的心理机能源于外部动作的内化，这种内化不仅通过教学，也通过日常生活、游戏和劳动等实现。另外，内在智力动作也外化为实际动作，使主观见之于客观。所有这些都对当今的建构主义者产生了很大的影响。

建构主义学习理论的基本观点：

建构主义在知识观、学生观、学习观方面提出了许多新观点，其中有些观点虽过于激进，但对传统的教学和课程理论提出了巨大挑战，值得我们深思。

①知识观。建构主义质疑知识的客观性和确定性，强调知识的动态性和情境性。它强调知识并不是对现实的准确表征，它只是一种解释、一种假设，并不是问题的最终答案。知识并不能精确地概括世界的法则，在具体问题中，我们并不是拿来使用、一用就灵，而是需要对具体情境进行再创造。不同的学习者对同一个命题会有不同的理解。

②学生观。建构主义者强调，学生并不是空着脑袋走进教室的，他们在日常生活、学习中已经形成了丰富的经验。所以，教学不能无视学生的这些经验，而是要把儿童现有的知识经验作为新知识的生长点，引导儿童从原有的知识经验中"生长"出新的知识经验。教学要为学生创设理想的学习情境，增进学生之间的合作，激发学生的推理、分析等高级思维活动，促进学生自身积极的意义建构。

③学习观。建构主义认为，学习不是教师向学生传递知识，而是学生建构自己的知识的过程。学生不是被动的信息吸收者，而是意义的主动建构者，这种建构不可能由其他人代替。学习者的知识建构过程具有三个重要特征。a.学习的主动建构性。面对新信息、新概念和新命题，每个学生都在以自己原有的知识经验为基础建构自己的理解。b.学习的社会互动性。学习任务是通过各成员在学习过程中的沟通交流、共同分享学习资源完成的。c.学习的情境性。知识并不是脱离活动情境抽象地存在，知识只有通过实际情境中的应用活动才能真正被人理解。因此，学习应该和情境化的社会实践活动结合起来。

（4）人本主义学习理论

人本主义是20世纪50年代末期—60年代初期在美国出现的一种重要的教育思潮，主要的代表人物是马斯洛、罗杰斯等。人本主义心理学的主要观点是：心理学研究的对象是"健康的人"；生长与发展是人的本能；人具有主动地、创造性地做出选择的权利；人的本性中情感体验是非常重要的内容。

①马斯洛的需要层次论

马斯洛认为人的需要有五种，它们由低到高依次是生理需要、安全需要、归属和爱的需要、尊重的需要与自我实现的需要。在人的需要层次中，最基本的是生理需要；在生理需要得到基本满足之后，便是安全需要，即表现为个体要求稳定、安全、受到保护、免除恐惧和焦虑等；之后是归属和爱的需要，即个体要求与他人建立感情联系，如结交朋友、追求爱情等；随后出现的是尊重需要，它包括自信和受到他人尊重。这四种需要统称为缺失性需要。在上述这些低一级的需要得到基本满足之后，便进入自我实现需要层次。作为一种高级的需要，自我实现是指完满的人性和个人潜能的充分实现。从学习心理的角度来看，人们进行学习就是为了追求自我实现，即通过学习使自己的价值、潜能、个性得到充分而完备的发展和实现。

马斯洛的需要层次理论说明，在某种程度上学生缺乏学习动机可能是由于某种缺失性需要没有得到充分满足而引起的。如家境贫困使得温饱得不到满足；父母离异使得归属与爱得不到满足；教师过于严厉和苛刻，使得安全需要和尊重需要得不到满足；等等。所以，教师不仅要关心学生的学习，也应该关心学生的生活和情感，要让学生感觉到教师是尊重和热爱他们的，以排除影响学生学习的一切干扰因素。

②罗杰斯的自我实现人格论

人本主义心理学家认为，人的成长源于个体自我实现的需要，自我实现的需要是人格形成、发展的驱动力。人格发展的关键就在于形成和发展正确的自我概念。自我概念的正常发展必须具备两个基本条件：无条件的尊重和自尊。其中，无条件的尊重是自尊产生的基础，因为只有别人对自己有好感（尊重），自己才会对自己有好感（自尊）。

患者中心疗法。罗杰斯认为患者有自我实现的潜能，这种潜能不是治疗者所创建的，而是在一定条件下自由释放出来的，故采用"患者中心疗法"。基本做法是鼓励患者积极叙述问题，自己解决问题。治疗者在治疗过程中，不为患者解释过去压抑于潜意识中的经验与欲望，也不对患者的自我报告加以评价，只是适当地重复患者的话，帮助他们澄清自己的思路，使患者自己逐步克服他们的自我概念的不协调，接受和澄清当前的态度和行为，达到自我治疗的效果。而有效地运用患者中心疗法，使患者潜在的自我得到实现，必须具备三个基本条件。A.无条件的积极关注。治疗者对患者应表现出真诚的尊重、关心、喜欢和接纳，即使当患者叙述某种可耻的感受时，也不表示冷漠或鄙视，即"无条件的尊重"。B.真诚一致，不能虚伪做作。C.移情性理解。治疗者要深入了解患者体验到的感情和想法，设身处地地了解和体会患者的内心世界。

（5）自由学习理论

罗杰斯在其撰写的《学习的自由》一书中，提出了以自由为基础的自由学习原则，主要包括以下几方面。①人生来就有学习的潜力。②教材有意义且符合学生学习目的时才会使其产生学习欲望。③学生只有在较少威胁的教育情境下才会有效地学习。这里所说的威胁是指个人在求学过程中因种种因素所承受的心理压力。④主动、自发、全身心投入学习才会产生良好效果。⑤学生自评学习结果。这有利于培养独立思考和创造力。⑥重视生活能力的学习，以应对变动的社会。⑦涉及学习者整个人（包括情感和理智）的自我发起的学习，是最持久、最深刻的学习。⑧在现代社会中最有用的学习是了解学习过程、对经验始终持开放态度，并把它们结合到自己的变化过程中去。

2.教学设计与学习理论

（1）以行为主义联结学派心理学为基础的斯金纳程序教学设计理论的诞生与早期发展

行为主义产生于20世纪20年代的美国，由华生创始。华生主张用客观方法研究客观行为，提出刺激—反应联结公式，即刺激得到反应，学习就完成了。他们的环境决定论和教育万能论都说明行为主义十分重视学习，但是他们对学习的研究仅仅局限于外部现象和外在条件，完全否定人的内部心理的存在。40—50年代，以斯金纳为代表的新行为主义主张"教育是塑造人的行为"，在长期的研究中，斯金纳形成了学习和机器相联系的思想，制造了教学机器来实现"小步子教学"。尽管教学机器对教师主导作用的发挥存在障碍，对学生学习动机考虑甚少，但是程序教学的耐心、促进主动学习的热情和及时反馈的速度是一般教师所不及的，从而促成了60年代的程序教学运动。

程序教学思想对教学设计产生了深刻影响，70年代后，程序教学思想和方法又被广泛用于计算机辅助教学，但是行为主义把人视为消极被动的机械结构，任由环境摆布，否定人的主观能动作用，否定大脑对行为的支配和调节作用，使其在理论上显得苍白无力，因此教学设计不得不寻求其他理论。

（2）教学设计吸收各学习理论学派精髓作为其科学依据进行教学设计的实践

随着脑科学的发展，人们对心理认知的研究逐渐增多，使心理学中认知学派占据了主导地位。认知学派源于格式塔心理学，核心观点是学习不是机械的、被动的刺激—反应联结，学习通过主体的主观作用来实现。瑞士心理学家皮亚杰提出认知结构说，认为认识是主体转变客体的过程中形成的结构性动作和活动，认识活动的目的在于取得主体对自然、社会的环境的适应，达到主体与环境之间的平衡，主体又通过动作对客体的适应推动认识的发展。他将S—R联结改为S—AT—R联结，其中A代表同化，T代表主体的认知结构。强调新旧知识相联系的过程，表明只有学习者把外来刺激同化进原有的认知结构中去，学习才会发生。20世纪60年代，美国认知学派代表人物布鲁纳提出认知发现说，认为人的认知活动是按照一定阶段的顺序形成和发展的心理结构来进行的。这种心理结构就是认知结构。他提出的知识结构论和学科结构论是其发展理论同时付诸实践的主要功绩。他认为要让学生学习学科的基本结构，并指出学生在特定的年龄有特定的观察事物和解释世界的方式，任何观念都应该用一定年龄学生的思维方式去阐述。他认为，不应奴性地跟随学生认知发展的自然过程，而应促使学生步步向前。

认知学派的启示：学习过程是一个学习者主动接受刺激、积极参与和积极思维的过程。学习是依靠学习者的主观建构，把新知识同化到原有的认知结构中去。因此学习必须以原有的知识为基础，也只有丰富的知识才能启迪智力发展，形成良好的认知结构。

要重视学科知识结构与学生认知结构的关系，以保证有效地学习。

近三十年来，加涅吸收了行为主义和认知学派的精华，成为联结—认知学派的代表人物。他主张既要揭示外部刺激于外在反应的作用，又要揭示内部过程的内在条件的作用。他的《学习条件》和《教学设计的原理》为教学设计提供了更多的支持。

（3）教学设计本身的理论结构将随着学习理论的发展而趋于更严密、更有效

历史证明，脑科学的发展使得学习心理学拨开了蒙在眼前的迷雾而逐步走向明朗。脑科学至今仍是一项未竟的事业，相信未来脑科学的继往开来将再次推动学习心理学的发展，而学习心理学的深入也必将把教学设计引向更加成熟。

（三）教学理论与教学设计

教学理论是为解决教学问题而研究教学一般规律的科学。教学设计是科学地解决教学问题、提出解决方法的过程，为了解决教学问题，就必须遵循教学客观规律，因此教学设计离不开教学理论。

1. 教学设计的产生是教学理论发展的需要

古今中外的大量材料已经发现和揭示了许多教学过程中稳定性、普遍性的内在本质的联系和客观规律。但是教学理论多是涉及教学过程及其理论原理的个别方面，不能完整反映整个教学过程，因而在实践中推广容易陷入片面。另外，教学理论的层出不穷会使有的人无所适从，还有的人忽视发展，只知继承。人们已经认识到尽管教学理论对教学过程各要素都有肯定、明确的总结和认识，但是面对复杂的教学问题和教学过程中各要素的错综关系，仍然束手无策，教学设计正是应这种需要而产生的。

2. 教学理论的研究和发展为教学设计提供了科学依据

我国古代有孔孟的儒家教学思想，如孔子的学而不思则罔、思而不学则殆、举一反三、因材施教和孟子的循序渐进、专心有恒等，又如《学记》中及时施教、教学相长、长善救失，朱熹的学问思辨行。近现代，蔡元培、陶行知、陈鹤琴等教育家提出要发展儿童的个性，从儿童的特点出发，发挥主观能动性，培养独立学习能力。

国外教学理论的发展首推西方。萌芽时期有苏格拉底、柏拉图的教育思想，昆体良的问答法、练习法、模仿等教学方法。近代夸美纽斯的《大教学论》对教育目的、内容和直观性、系统性、巩固性教学原则做了比较系统的阐明，并提出了班级授课制。卢梭提出了观察法、游戏法。现代的杜威反对传统的教师中心和课堂中心，主张儿童中心和"做中学"的教学方法——尽管对教师在教学中的主导作用和系统科学知识的学习有所忽视，但对反传统教学具有重大的意义。

教学设计形成于 20 世纪 60 年代末期，而 50 年代后期发展起来的当代教学理论越来越受到青睐，教学设计也就更多、更直接地从中寻找科学依据。这包括布鲁姆以行为结果作为目标分类依据的教育目标分类理论、掌握学习理论、形成性评价理论，奥苏贝尔提出的有意义学习的观点和先行组织者的教学程序等。

3. 教学设计与教学理论的相互影响促进双方的进一步发展

教学理论是对一定条件下采取一定教学行动后产生的结果的客观总结，因此不可能适用于所有的教学实践。教学设计是运用系统方法首先鉴别教学实践中要解决的问题，根据问题情境，通过比较选择合适的教学理论作为依据来制定解决问题的策略，试行中还可以调整。这样，教学设计在系统过程中为教学理论应用实践的成功创造了良好的环境。另外，在解决实际教学问题时，会发现有的教学理论有局限不足之处，也会发现没有教学理论可以借鉴的情况，这样可以促使人们进一步研究。而教学理论的完善，必将促进教学设计的成功。

（四）教学设计与系统科学理论

所谓系统方法，就是运用系统论的思想、观点，研究和处理各种复杂的系统问题而形成的方法，即按照事物本身的系统性把对象放在系统的形式中加以考察的方法。它侧重于系统的整体性分析，从组成系统的各要素之间的关系和相互作用中去发现系统的规律性，从而指明解决复杂系统问题的一般步骤、程序和方法。无论宏观教学系统设计，还是微观教学系统设计，都强调系统方法的运用。系统方法采用的步骤如下：

（1）系统地分析所要解决的问题的目标、背景、约束条件和假设，其目标是系统要求实现的功能；

（2）调研，收集与问题有关的事实、资料和数据，分析各种可能性，提出各种可供选择的方案；

（3）对这些方案做出分析，权衡利弊，选出其中最优方案并提出优化方案的准则；

（4）具体设计出能体现最优方案的系统；

（5）进行系统的研制、试验和评价，分析是否达到了预期的结果，发现不足之处及时纠正，直到实现或接近理想设计为止；

（6）应用和推广。

※ 二、几种主要的教学系统设计理论

（一）加涅的教学系统设计理论

核心思想：为学习设计教学。加涅认为教学必须考虑影响学习的全部因素，即学习的条件。学习的条件分为内部条件和外部条件。

1. 加工系统

加工系统主要由信息的接收器、感觉登记器、工作记忆和长时记忆组成。从学习环境中来的刺激作用于学习者的感受器，信息在一个感受记录器里短暂停留后由选择性知觉输入短时记忆。如果信息在短时记忆中没有被复诵，一般保留不到 20 秒，且短时记忆的容量有限，一次只能记忆 7 个项目。需要记忆的信息须经过语义编码转化成有意义的模式进入长时记忆。长期记忆的信息经过两条途径进入反应发生器。一条途径是长时记忆中的信息先回到工作记忆，再由工作记忆进入反应发生器，引起反应。这种条件下，人能意识到从长时记忆中提取信息。另一条途径是长时记忆中的信息直接进入反应发生器，引起反应。这种条件下，反应是自动进行的，不受人意识的控制。当信息从短时记忆或长时记忆中提取并传递到反应发生器激活效应器（肌肉）时，就导致学习者对环境可观察到的行为，至此学习者就完成了一次学习过程。

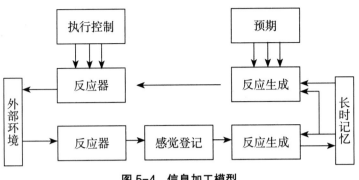

图 5-4　信息加工模型

2. 执行控制系统

执行控制系统的调节与控制作用主要体现在以下方面：

①感觉系统进行调节，使之选择适当的信息，予以注意；

②指导工作记忆中的信息加工方式的选择；

③对工作记忆和长时记忆中表征形式的选择；

④对长时记忆中的知识提取线索的选择；

⑤对解决任务的计划的执行予以监督。

3. 预期系统

预期是指人的信息加工活动是受目的指引的。认知目的能指引认知加工方式的选择，如学习者对学习结果有什么期望会对其如何感知外界刺激、如何编码记忆产生影响。认知加工活动的实现和预期目标的达到会带来情感的满足，由此进一步激励新的认知行为，所以预期是与信息加工活动的动力有关的系统。

在加涅看来，学习的发生要同时有外部条件和内部条件，教学的目的就是合理安排可靠的外部条件，以支持、激发、促进学习的内部条件，这就需要对教学进行整体设计，即教学设计。因为学习的过程有许多有顺序的阶段，所以教学也有相应的阶段。

（二）瑞格鲁斯的教学系统设计理论

1. 核心观点

教学设计理论就是"教学科学"，教学系统设计理论是规定性的教学理论。瑞格鲁斯还提出了关于建立教学系统设计理论知识库的构想。他把教学理论的变量分为教学条件、教学策略、教学结果，并进一步把教学策略变量细分为教学组织策略、教学管理策略和教学传输策略。

教学组织策略可以进一步分为"宏策略"和"微策略"。宏策略揭示学科知识内容中的结构性关系，也就是各部分之间的相互作用和相互联系。在实际教学中，用来指导对学科知识内容的组织和对知识点顺序的排列，它是从全局考虑学科知识内容的整体性记忆中各个部分之间的关系。微策略强调按单一主题组织教学，策略部件包括定义、例题、练习等。在实际教学中，为如何教特定的学科内容提供"处方"，考虑的是一个概念或原理的具体教学方法。

2. 细化理论

细化理论（the elaboration theory，简称"ET"）的最早提出者是瑞格鲁斯，该理论的基础是认知学习理论。新知识的获取与保持在很大程度上取决于学习者原有的认知结构。奥苏贝尔是这种观点的最早提出者之一，他因提出先行组织者教学策略而著名。该理论是建立在两个关于认知结构的假定的基础之上的。

知识按层次结构组织，抽象程度较高的知识处于较高层次，随着抽象象程度降低，其所处的层次也逐步降低。认知结构中的知识是相互作用、相互联系的。细化理论组织教学内容的基本原则是把更广泛、更一般的概念放在较高层次。除此之外，关注学科内容的各个部分如何彼此相关，记忆各个部分和整个学科之间的关系。

模式概括：一二四七。

一个目标：ET 的全部内容都是为了达到一个目标——按照认知学习理论实现对教学内容（当前所教学科知识内容）最合理而有效地组织。

两个过程：ET 主要通过两个设计过程来实现上述目标。一是"概要"设计，"广角"看全部。二是一系列细化等级设计，"变焦"看部分。横纵两方面：同一等级上对不同教学内容细化（复杂程度相同），同一教学内容在相继等级中细化（复杂程度不同）。

四个"S"："选择"（selection）、"定序"（sequencing）、"综合"（synthesizing）和"总结"（summarizing），简称"4S"。

选择是指从学科的知识内容中选出为了达到总的学习目标或单元的教学目标所要教的各种概念和知识点，从而为概要设计做好准备，这是 ET 的初始设计任务。

定序目的是要使教学内容（学科知识内容）按照"从一般到特殊"的次序来组织和安排，这既是概要设计和细化系列设计的指导思想，又是设计的基本内容，应该贯串在这两个设计过程的始终，从而保证每次细化结果的一致性。

综合是要维护知识体系的结构性、系统性，即确定各个知识点之间的相互联系。通过综合应使学习者看到各个概念之间的关联以及它们在更大的概念图中（乃至整个课程中）所处的地位。在每一级细化过程中都将有两种形式的综合发生：内部综合与外部综合。

总结：对于学习的保持和迁移都是很重要的。两种总结：一种是课后总结，另一种是单元总结。

七种策略：为保证细化过程的有效性和可操作性，必须在细化过程中适当运用的有关教学内容组织的七种宏策略。

宏策略 1：用于确定课程内容的细化顺序。

宏策略 2：用于确定每一堂课的内容顺序。

宏策略 3：用于确定总结的内容及总结的方式。

宏策略 4：用于确定综合的内容及综合的方式。

宏策略 5：用于建立当前所学新知识与学习者原有知识之间的联系（这是帮助学习者实现意义建构的关键）。

宏策略 6：用于激发学习者的学习动机和认知策略，使学习者始终处于积极的信息加工状态。

宏策略 7：用于实现学习者在学习过程中的自我控制。

3. 应用

以某一节课的教学为例：

①列出本节课的概要（完成概要设计）；

②嵌入动机激发器帮助学习者形成学习动机；

③如果概要内容较抽象难懂则应进一步给出形象化的比喻（或适当的类比）；

④顺序呈现按照宏策略 1 和宏策略 2 的要求以及一系列细化设计结果组织起来的教学内容；

⑤运用宏策略 5 建立新旧知识之间的联系，以促进学习者的意义建构；

⑥根据学习情况的需要嵌入认知策略激发器，以帮助学习者提高学习质量与效率；

⑦提供本节课的课后总结；

⑧提供本节课的课后综合。

（三）史密斯和雷根的教学系统设计理论

尽管不同的学习结果需要不同的教学策略，但是教学过程一般都包括四个阶段：导入、主体部分、结论和评定。

在训练情境中（如军事训练），一般包括引起注意、提高动机、给出课的概要、解释和详细说明知识、学习者在监督下来练习、评价、总结、鼓励、结束等若干教学事件。

史密斯和雷根认为一般教学过程包括以下 15 个教学事件。

①导入阶段

·引起注意；

·建立教学目标；

·唤起兴趣和动机；

·课的概述。

②主体部分

·回忆先前学过的知识；

·处理信息和例子；

·集中注意；

·运用学习策略：

·练习；

·评价反馈。

③结论部分

·总结和复习；

·知识迁移；

·进一步激励和完成教学。

④评价阶段

·评定作业；

·评价反馈和补救教学。

第六章　基于网络多媒体的大学英语教学模式

第一节　基于网络多媒体的大学英语教学模式概述

※ 一、什么是基于网络多媒体的英语教学模式

分析了教学模式的界定、结构、功能及分类，下面就进一步分析什么是基于网络多媒体的英语教学模式。作为一种教学模式，其内涵主要涉及教学思想和教学理论、计算机网络技术、外语教学目标、外语教学资源、教学活动结构框架和教学方式五大层面。

（一）教学思想和教学理论

如前所述，任何教学模式都是建立在一定教学思想和教学理论基础上的。同样，教学思想和教学理论也是网络多媒体教学模式的灵魂和基石。也就是说，基于网络多媒体的外语教学模式需要依据一些教学思想和教学理论，这些思想和理论可以从两个层次来分析：一是宏观层次，二是中观层次。宏观层次主要是建立在哲学思想的教育学理论上，其主要内涵覆盖了教育心理学、教育学、教育技术学、学科教学论等；中观层次是基于外语教学的各种教学法，如语法翻译法、听说法、任务法、交际法等，而各种教学法也离不开理论的指导。

（二）计算机网络技术

基于网络多媒体的英语教学模式与传统教学模式相比，其最大优点在于计算机网络技术的参与。由于信息技术的发展，外语教学中的师生交流方式、信息呈现方式等都发生了重大改变，且人们已经形成了一个共识：网络多媒体技术并不是万能的，再先进的技术也需要教师的辅助，即教师需要对学生进行督导、监控及情感层面的支持。就外语教学层面来说，最为合理的方向是充分发挥计算机网络技术在多媒体化信息呈现、信息查询、网络交流等方面的优势，辅助教师完成教学，减轻教学压力，也让教师有更多的精力和时间对存在差异的学生进行情感交流和个别监督，解决他们的问题。也就是说，网络多媒体与教师都有其自身的优势，因此在外语教学中应该将二者的优势都充分发挥出来，使学习者能

够从低阶语言能力转向高阶语言能力。计算机网络技术在外语教学中的工具作用主要有如下几种：

1. 知识演示与传输工具

计算机具有明显的多媒体特征，其在外语教学信息的呈现中也具有明显的优势，可以通过文字、图像、图片、声音、视频、动画等多种传递方式。目前，外语教学也多提倡使用网络多媒体教学，目的是能够为学习者提供更多刺激感官的信息接收形式，从而促进学习者的记忆和理解，同时还能够增强教与学的趣味性。

2. 交流工具

当前，网络已经成了一种普遍的交流工具，在外语教学中也普遍运用。基于网络的外语教学交流工具有很多，如 BBS、E-mail 等，这些都为教师、学习者提供了便利。

3. 个别辅导工具

人—机交互式网络多媒体作为个别辅导工具所具有的一大特色，主要体现在各种交互类的外语学习课件中。目前，计算机网络技术作为个别辅导工具主要具有个别指导、操练和练习、学习监测和反馈等功能。

4. 教学信息记录工具

计算机网络可以将教师与学习者的各种与教、学相关的信息记录下来，这些信息可以为评价教师的教学行为、分析学习者的学习情况和进度、帮助教师和学习者进行反思等提供数据。

5. 学习情境创设工具

计算机网络技术可以为学习者创造真实的学习情境，通过逼真的语言环境，促使学习者进行探究和思考。

6. 教学管理工具

随着计算机网络技术在教学领域的应用更加广泛，计算机管理教学也应运而生。简单来说，就是运用计算机网络技术来帮助学校和教师进行教学管理。

7. 教学资源储存工具

计算机具有强大而便利的储存工具，这也逐渐成了外语教学资源的储存仓库，储存的内容包含课程课件、师生电子档案、电子教案、文献资料、多媒体语料库等。

8. 学习认知辅助工具

为了提高学习者网上学习的效率，网络查询引擎、在线电子词典、电子笔记本等被开发出来，这些计算机网络技术的学习认知辅助工具，可不断提升学习者的学习效率和效果。

（三）外语教学目标

任何学科教学都离不开教学目标，基于网络多媒体的英语教学也不例外。教学对象不同，确定的教学任务、教学目标也不一样，其选用的教学模式也必然不同。例如，对于听力教学而言，以提高学习者理解和记忆能力的教学目标适用于采用人—机交互型教学模式。如果教学目标是让学习者掌握知识，那么教师可以采用以传递为主的教学模式；如果教学目标是培养学习者的思维和运用能力，那么网络写作项目、网络英语角等人—机互动教学模式更为适合。当然，采取什么样的教学模式并不仅仅取决于教学目标，还涉及教学任务、教学内容、教学环境、教学对象等因素。

（四）外语教学资源

基于网络多媒体的英语教学的教学资源主要是以文本、音频、图片、视频、动画等形式呈现的数字化教与学的支持内容，是辅助教师展开教学的直接工具，也是学习者获取知识的直接途径，这些也构成了基于网络多媒体的英语教学模式的核心要素。无论什么样的形式，教学资源本身的难度、选材等都应该从学习者的实际情况出发。与传统的纸质教学资源相比，基于网络多媒体的英语教学资源更易于共享、易于更新，且能够海量存储。

（五）教学活动结构框架和教学方式

在宏观与中观教学思想、理论的指导下，需要将教师、学生、网络多媒体技术、教学资源等融合起来，形成具体的教与学的干预措施，包含教学内容的顺序、学习内容的组织、媒体呈现的设计、教与学的安排与设计等，这些都属于教学活动结构框架和教学方式的内容。

※ 二、大学英语教学模式的分类及其应用

随着网络多媒体技术的深入和发展，新的英语教学模式不断涌现，并不断应用于大学英语教学中。这些教学模式对于基于网络多媒体的大学英语教学模式具有重要意义。下面重点探讨网络多媒体环境下的大学英语教学模式的分类及其应用。

（一）大学英语教学模式的分类

基于网络多媒体的大学英语教学模式有很多种，较为常见的教学模式有基于问题的教学模式、小组协作教学模式、网络探究教学模式、基于案例的学习模式、基于项目的学习模式、探究学习模式、基于资源的学习模式、个性化学习模式等。限于篇幅，下面主要对基于问题的教学模式与网络探究教学模式展开探讨。

1. 基于问题的教学模式

"基于问题的教学模式"是指将英语教学或英语学习置于有意义的、复杂的问题情境中，通过让学习者解决实际的、复杂的问题，来学习隐含于问题中的语言技能、要点及文化，从而建构自己解决问题的能力。

在基于问题的教学模式下，应该注意教师、学生与问题这三个要素之间的特点和关系，作为学习者初始的动力和挑战，必须有明确的界定，且具有足够的吸引力来促使学习者解决问题。同时，基于问题的教学模式还有助于建立学习动机，并建立起后续学习的联系和

需要。作为主动解决问题者，学习者需要积极主动地参与并完全投入英语学习中，积极地进行意义的构建。作为指导者和促进者，教师需要对问题进行设计，积极有效地激发、鼓励学习者进行思考，使他们持续参与其中。

基于问题的教学模式主要由五个环节组成，即确定问题、分析问题、解决问题、结果展示、学习评价。在这一过程中，教师往往发挥着帮助、促进、指导的作用。

在具体的实施中，基于问题的教学模式主要分为以下五个阶段：

（1）创设情境与提出问题

根据实时的教学要求和内容，教师要利用网络多媒体技术提出问题，创建具体的学习任务。一般而言，提出的问题需要符合如下几点：具有相应的问题情境描述，引发学习者的学习兴趣；明确问题导向，要清楚学习重点，且有清晰的实施过程；难度适宜，以原有的综合性知识为前提，从而探究新的知识。另外，学习者要在问题提出的基础上，从学习重点出发，对任务进行进一步的细化。

（2）界定问题和分析问题

明确问题之后，学习者需要根据自己的理解和把握来对问题进行界定和分析，然后在分析的基础上确定问题的重点、问题的本质，形成小组，对任务进行分工，从而找出可能的行动方案和建议。

（3）探究问题和解决问题

确定学习任务的分配后，要运用多种途径来收集信息，并对收集的信息进行整体分析和归类。另外，学习者之间应该相互合作与交流，逐渐形成解决问题的方案。

（4）分工合作和完成任务

各小组成员根据分工的要求，完成各自的任务，并运用网络多媒体展示解决问题的过程和结果。

（5）任务评价和结果反馈

小组成员对他们完成任务的成果进行共享，同时进行自我评价与小组间评价。评价主要针对的是任务完成情况中各个成员的表现。之后，教师需要对这些评价进行总结和反馈，对学习者提出以后努力的方向。

2. 网络探究教学模式

网络探究教学模式是由 Web 与 Quest 两个名词组成的：前者的含义为"网络"，后者的含义为"探索、寻找"。作为一种对学习活动进行探究的具体形式，网络探究教学模式主要是建立在互联网强大信息资源的基础上，来训练学习者的探究能力。在网络探究教学中，教师最大限度地运用网络资源来发现外语教学中的未知问题，探究解决问题的方法，让学习者学会建构知识。

网络探究教学的目的是让学习者充分利用时间，使用信息并帮助学习者对各种信息资源进行分析与综合。因此，按照学习探究实践，网络探究教学模式可以划分为两种：短期网络探究教学模式与长期网络探究教学模式。前者强调对知识的整合和获取，学习者获取一定量的信息之后会主动建构知识，该模式大多运用于日常英语教学；后者强调对知识进行提炼和扩展，学习者通常需要就某一特定任务和课题来进行有计划的分析和信息重组，该模式一般持续时间较长，适用于小组课题研究。

对于网络探究教学模式的设计，一般需要遵循以下原则：

（1）寻找合适的网站

在该模式中，教师帮助学习者寻找合适的网站具有重要意义。这是因为合适的网站能够为学习者提供恰当的学习材料，使课堂学习能够进一步延伸。

（2）协调组织学习者和学习资源

在网络探究教学模式中，协调组织学习者和学习资源是最重要的部分和内容，需要多加重视。具体而言，教师需要做到如下几点：

①组织好学习者，即网络探究教学应该与和谐的小组学习环境有关，从而将学习者很好地协调起来。协调和组织学习者应包括角色协调、积极互动、协作互助、分工负责等。

②学习资源的合理安排和有效组织。网络多媒体上的资源是非常丰富的，因此如何对这些资源进行组织是非常重要的，也是需要关注的。一般而言，对学习资源进行优化有两种情况：一是硬件的弥补；二是软件的应用。如果教学中没有足够的电脑设备，那么教师应该采取恰当的措施来弥补；也可以在硬件条件下按照一定比例来对学习中心进行设置，让学习者轮流使用。在软件的应用上，教师应尽可能地让学习者了解各种与外语学习相关的网站，这样他们才能对各种软件进行灵活运用。

（3）激发学习者的思考

在网络探究学习中，需要激发学习者的思考，可以从以下几点做起：

①使任务更具挑战性。任务的设计和选择需要考虑任务完成的难易程度，这种程度不仅体现在学习者对任务的理解程度，还体现在学习者对问题的解决能力、判断能力、创新能力。

②使任务更具真实性。任务设计需要与现实生活接近，尤其是任务的主题需要从社会实践活动中来，同时还需要确保任务活动具有可操作性，使学习者能够学会应用于现实生活的语言技能。

（4）选用媒体

网络探究教学模式不仅限于对网络资源的使用，还需要充分利用刊物、书籍等媒体，实现学习者探究学习的目的。因此，在媒体选择上，教师应该注意以下几个方面：

①互联网不仅是一种计算机的网络，更重要的是包含人与专家资源在内的网络。

②学习过程中与他人的交流，学习者可以通过 E-mail 或 BBS 等交流平台与他人进行信息的交流，完成网上的互动。

③学习内容的合理选择，网络多媒体环境可以提供无限量的学习资源，如果选用合理，就可以提高学习者的学习效率，否则就是滥用网络多媒体内容。

（二）大学英语教学模式的应用

《大学英语教学指南》指出："大学英语教学应遵循外语学习规律，根据教学内容的特点，充分考虑学生个体差异和学习风格，运用合适、有效的教学方法。教学方法的选择使用要体现灵活性与适应性，目的是改进教学效果，提高学习效率。"根据《大学英语教学指南》的要求，在信息时代大学英语教师的教学方法应该与时俱进不断改进。当前基于网络多媒体的大学英语教学模式必须坚持以学习者为中心。教育部已经在全国部分高校展开该模式的教学试点，下面举例来说明网络多媒体环境下的大学英语教学模式的应用。

基于网络多媒体的大学英语教学模式实现了"一对一"的教学思想。面对一台计算机，就如同学习者面对一位英语教师，学习者可以尽情地听这位"教师"进行讲解，随时与这位"教师"进行交流。根据《大学英语教学指南》的要求，不同学校需要结合自身的情况，巩固学习者的基础知识，培养不同学习者的自主学习水平与综合应用能力。

在选材上，除了选用基础的大学英语教材外，一些高校还选用教学软件系统作为大学英语网络多媒体教学系统。教学由课堂的多媒体教学与课下的上机自主学习构成。课上，教师利用多媒体课件，展现出声像结合、图文并茂的优势，设计出形象、有趣、生动的参与性活动，使学习者逐渐成为课堂的主角。同时，教师在设计情境的过程中发挥指导的作用，真正做到寓教于乐。课下，学习者从自身情况出发，依靠网络学习系统选择适合自己的学习，还可以利用计算机对听说能力进行反复操练，而教师还需要有步骤、有计划地给学习者布置和检查作业，并解答学习者遇到的问题，最后进行测验等，从而大大提升自身的综合能力。

第二节 基于网络多媒体的大学英语教学模式的新发展

※ 一、大学英语翻转课堂模式

随着人们对教学研究的不断深入，翻转课堂模式逐渐被人们了解和熟知。与传统教学模式相比，这一新兴的教学模式是建立在网络多媒体教学环境下，是对传统教学模式的一种颠覆。大学英语翻转课堂模式有其自身的优点，本节将对该模式展开分析和探讨。

（一）翻转课堂模式的定义

翻转课堂又称为"颠倒课堂"，其教学过程包含两大阶段：一是知识传授；二是知识内化。在传统教学模式中，教师往往会把知识通过课堂传授的形式来传输给学生，学生通过课后作业的完成情况和具体的实践来实现知识的内化。与这一传统教学模式不同，在翻转课堂教学模式中，教师根据自己的教学计划对课前预习的内容进行布置，学生则主动利用各种开放资源来获取知识，在课堂上通过与教师进行探讨，然后完成任务，最后内化为自己的知识。

"翻转课堂模式"是指在课堂进行之前，学生利用教师给出的视频、音频、开放网络资源、电子教材等学习材料，自主地完成课程内容，然后在课堂上主动参与教师的互动活动，最终完成学习任务。

1927年，翻转课堂模式是由美国人萨尔曼·可汗（Salman Khan）提出的，他首次利用网络视频展开翻转课堂授课，并取得了巨大成功。因此可以说萨尔曼·可汗是翻转课堂模式的创始人。

近年来，翻转课堂模式在国内产生了巨大影响。作为一种基于网络多媒体的新型教学模式，翻转课堂模式是对传统教学流程的颠覆，这对于学生展开自主学习而言是非常必要的。作为一种新型成功授课方式，翻转课堂对我国英语教学改革大有裨益。但是，翻转课堂不属于在线课程，也不能运用视频代替教师，它只是师生之间进行互动的方式，为学生的自主学习提供了充分的空间和实践，从而获得个性化的发展。

现行教育体系建立的目的在于满足工业时代的需要。1899年，美国教育专员威廉·托里·哈里斯（William Torrey Harris）提倡在美国的各大高校中展开机械教学模式，这一模式使得学生"中规中矩"。但这显然与当前经济发展、生活水平不相符，只有对学校教育体系进行革新，才能跟上时代的步伐。换句话说，就是源于工业革命时代的机械教学模式逐渐被当前的新兴教学模式替代。

在传统教学模式中，知识习得需要经历知识讲授、知识内化、知识外化三个步骤。通过课堂教学，教师完成知识的讲授，而学生在课后任务和作业中完成知识的内化，这在前面已有所提及。但是，在当前云教育、云学习的技术条件下，学生可以通过"云课程"及媒介来展开教学，当学生在学习中遇到困难时，教师可以对其进行排解和启发，既保证了师生之间的平等交流，也保证了学生知识的进一步深化。简单来说，从先教授后学习转向先学习后教授，这就是所谓的课堂翻转。

综上所述，翻转课堂模式是对传统教学模式的变革，师生及教学方式在教学过程中都发生了质的改变。

（二）翻转课堂模式的构成

很多学者对翻转课堂模式进行研究，将其构成要素分为三个层面：课前内容传达、课堂活动组织、课后效果评价。下面对这三个层面进行分析：

1.课前内容传达

在翻转课堂模式中，其教学的基础在于课前内容的有效传达。就目前来说，我国翻转课堂模式往往采用教学视频与纸质学习材料这两种模式来传达教学内容。其中，教学视频被认为是最基本的形式。对于教学视频的来源，主要有以下两种途径：

（1）运用现有的教学视频

运用现有的教学视频是教师进行翻转课堂教学的最佳选择。这主要有两方面的原因：

一是教师的教学任务非常繁重，因此并没有多余的时间来制作新的视频；二是教师在面对视频录制仪器时，往往比较紧张，因此会严重影响教学效果和进程。可见，如果教师可以从网上找到现有的教学视频，会节省教师自身的时间和精力，且网上的教学视频资源非常丰富，教师只需下载就可以使用。

（2）制作新型教学视频

对于翻转课堂模式中运用的视频，教师除了运用现有视频外，还可以进行录制。当然，这需要教师有多余的时间和精力，他们可以运用电脑、录音软件、麦克风、手写板等进行制作。具体而言，可以做到如下几点：

①教师可以使用录屏软件对电脑操作轨迹及幻灯片演示轨迹进行捕捉。

②教师可以利用麦克风对讲述的音效进行录制。

③教师可以运用手写板对书本上的书写效果进行提升。

④教师可以利用音频编辑软件对录制的声音进行加工。

另外，教师还需要对画面质量进行关注。基于此，教师需要考虑制作的视频应该尽量短小。当前的社会生活、工作学习节奏快，如果视频过长，难免会引起学生的厌烦；相反，如果视频凝练，则能激发学生的兴趣，引起学生的响应。

2. 课堂活动组织

在翻转课堂模式中，教师需要对课堂活动进行组织。在组织课堂活动过程中，教师需要注意如下几个层面：

首先，对于大学英语教学而言，导读类课程比较适合翻转课堂教学，这类课程通过网络多媒体展开。在课下，学生按照教师的安排习得内容；在课堂上，教师解释重难点问题，进而通过网络多媒体实现在线测试。完成测试后，学生可以即时获取网络背景知识和学习资源，同时还能与自己之前的测试结果进行比对，从而加深自己的知识。

其次，英语课程涉及语言与文化两大因素，教师在对学生的学习进行安排时，需要从初级认知的识记理解开始，转向高级的综合应用，完成一系列的递增过程。同时，教师在安排学生学习时还需要组织与此相适应的学习活动，在学生固有知识的基础上加深其对不同文化知识的理解和掌握。

最后，在合作学习的基础上应结合个体学习，因为个体学习有助于学生充分领会和识记。

3. 课后效果评价

翻转课堂教学顺利实施的必要条件是建立一个与翻转课堂教学模式以及教学组织相适应的评价体系，只有这样才能保证翻转课堂教学的效果。在建立翻转课堂教学评价体系时，首先要对翻转课堂教学模式有一个充分的了解。翻转课堂的应用并不是一成不变的，在不同的学校、不同的课程当中，采用的教学评价标准也要有所区别，需要设立具有科学性、可操作性以及丰富多样的评价指标，同时还要重视指标体系的个性化以及灵活性。另外，在开展翻转课堂教学时，还要根据高等教育自身发展规律以及翻转课堂教学的特点，力求让评价主体能够实现多元化，通过自评以及互评方式，让评价结果更加真实。评价体系主要包括以下几个原则：

（1）发展性原则

"发展"指人或事物朝着好的方向不断进步变化的过程，既有量变，也有质变。教学评价的最终目的是促进学生全面发展。"发展性原则"是指教学评价的各个环节要紧紧围绕这一最终目的而展开，其核心思想是帮助学生发现并激发自己的潜能。评价者应用发展的眼光去看待，善于看到学生的成长变化，而成长变化需要一定的时间，因此，在评价中应该采用过程性与总结性相结合的评价方式。另外，除了成绩的变化以外，教学评价应注重学生自学能力、协作能力、质疑能力、反思能力、表达能力的发展变化，实现学生原有基础上的个性发展与全面发展。教学评价不仅可以促进学生全面发展，同样也在促进教师专业发展和学校教育教学质量发展，它们之间有机结合、相互促进。

（2）导向性原则

在以教师为中心的传统课堂教学中，教师知识讲授过多，学生常处于忙着听讲解、做笔记的学习状态，而主动去探究知识的机会较少，教学关注的重心在于提升学生的成绩，教学评价的重心在于选拔学生，所以，教学评价对教学活动起着导向作用。导向性原则就是要求研究者去关注国家教育方针与政策导向，并将其具体落实到各级指标体系之中，通过教学评价逐步转变教学方式、教学模式，进一步引导教师、学生、专家、家长去改变课堂教学的关注中心，促使以教师为中心向以教师为主导、学生为主体的教学结构发生转变，进而实现教学评价的最终目的，即为促进学生全面发展。

（3）客观性原则

评价者在使用评价体系时应本着实事求是、客观公正的态度去对评价对象进行评价。但由于不同评价者的知识结构、理解能力有所不同，他们会对评价对象做出不同的评价意见，带有一定的主观色彩，这也是任何教学评价指标系统都难以避免的。所以研究者需要尽量缩小彼此之间的评价差距。客观性是指不以人的意志为转移，也就是每个评价者对教学评价指标的理解不会存在多样性，教学评价指标的指向性是唯一的，在使用教学评价时，每个评价者总体意见会保持一致。

客观性原则就要求研究者在设计教学评价指标时，要遵循教育教学客观规律，以事实为依据设计指标体系，确保教学评价指标客观真实，教学评价系统科学可行，真实地反映出"互联网＋"翻转课堂的教学效果。

（4）实效性原则

实效性原则就是一切从实际出发，以发挥出教学评价的实效为目的，简单而言就是构建出的教学评价体系实用有效，所以，实效性原则关键在于实用与有效。因此，构建合理的互联网教学评价系统改变传统纸质量表评价的方式势在必行，评价者通过互联网登录教学评价系统网站进行评价，管理者无须进行分数汇总，直接进入后台查看统计结果即可，有效避免了人为统计失误，最大化体现了结果的公平公正。

※ 二、大学英语微课模式

随着网络多媒体技术的引入，人们的学习方式逐渐发生改变。在网络及"微时代"的双重影响下，微课模式已经悄然进入大学英语教学的领域，并成为人们探索新教学模式的一个重大突破口。可以说，微课是一种新的网络学习资源，并在国内迅速发展，成为基于网络多媒体的大学英语新教学模式。大学英语微课模式的定义、构成及优势等成为当前研究的热点，下面就对这几大方面展开分析和探讨：

（一）微课模式的定义

从字面上来说，"微课"有如下三个层面的阐释：

（1）对于"课"这一概念来说，微课是"课"的一种，呈现的是一种短小的教学活动。

（2）对于"课程"这一概念来说，微课同样是有计划、有目标、有内容、有资源的。

（3）对于"教学资源"这一概念来说，微课具有丰富的教学资源，如数字化学习资源包、在线教学视频等。

但是，对其内涵进行挖掘，可以发现微课是一种具有单一目标、短小内容、良好结构、以微视频为载体的教学模式。微课的最初理念是通过正式或者非正式的学习方式，人们不断对短小、主题集中、与实践紧密结合的专业知识进行学习，从而提高学习效果，促进知识的内化。

在这一理念基础上，我国学者对微课模式展开了重点研究，很多学者提出了自己独到的见解。

黎加厚认为："微课是时间在十分钟内，教学目标明确、内容短小，能够对某一问题集中说明的微小课程。"

焦建利认为："微课是以某一知识点为目标，其表现形式是短小精悍的在线视频，主要应用于教学和学习的一种在线教学视频。"

胡铁生、黄明燕、李民认为："微课又可以称为'微型课程'，是建立在学科知识点的基础上，构建和生成的新型网络课程资源。微课以'微视频'作为核心，包含很多与教学配套的扩展性或支持性资源，如'微练习''微教案''微反思''微课件'等，从而形成了一个网页化、半结构化、情境化、开放性的交互教学应用环境和资源动态生成环境。"

上述这些学者的概念具有针对性，并一定程度上反映出微课模式的基本特征，虽然具体内容存在某些差异，但是其理念和核心基本一致。微课在本质上是一种对教与学进行支持的新型课程资源，而且微课与其他与之匹配的课程要素共同构成了微课程。从这点来看，其属于课程论的范畴。当学生通过微课模式开展学习时，他们就是以微课作为媒介与教师产生交互活动，通过面对面辅导、在线讨论等进行直接交互，从而产生有意义的教学。从这点来说，其属于教学论的范畴。

（二）微课模式的构成

从微课的课程属性出发，微课需要具备必备的课程要素。具体而言，主要涉及四大要素：目标、内容、活动、交互和多媒体。

1. 目标

目标是指教师预期微课模式的适用教学阶段，以及期望教学所要达成的结果。目标主要包含以下两层含义：

（1）应用目的

应用目的即设计开发微课模式的原因。这与微课模式是在课前、课中还是课后运用有关，如为学生的课后练习提供指导而制作的相关练习讲解的微课。

（2）应用效果

应用效果即教师在使用微课模式后期望学生能够解决的具体问题，如掌握某一体裁的英语写作方法、阅读理解题的解题技巧等以引发学生思考。

一般来说，微课模式的目标是具体明确、单一的，其对于微课内容和应用模式的选择起着重要的指导意义。

2. 内容

微课内容是指为微课模式预期服务的，与特定学科相关的有目的、有意义传递的信息与素材。也就是说，大学英语微课模式的内容是教师实现预期目标的信息载体。根据微课的目标，结合学生的学习情况以及准备应用的教学阶段等教学实际来设计微课模式的内容。微课内容不同，教师对教学活动的设计也不一样。但是，由于微课的时间很短，内容上往往具有主题明确、短小精悍、独立的特色，因此需要教师对微课内容进行精心选取。

3. 活动

活动是主体与环境的相互作用过程，其中环境涉及主体本身、其他主体以及客体。这里所说的"教的活动"是指"教师"这一活动主体与"特定微课内容"这一客体之间的相互作用过程，通过这种相互作用，向学习微课的学生有效传递教学信息，以帮助学生对课程内容进行理解与思考。教的活动是实现微课目标的一种有效方法。从方法上来说，教的活动可以分为教师的演示、讲授、操作及其与其他主体间的互动等活动类型。

4. 交互和多媒体

要想完成微课中教的活动，教师必须借助某些特定工具，来保证学生能够正确理解微课内容的意义，从而实现学生与微课的相互交流。在微课模式中，这种工具主要包含以下两种：

（1）交互工具

学生进行微课学习，能够促进学生与微课间进行操作交互和信息交互。

（2）信息呈现工具——多媒体

多媒体能够更好地帮助教师对教学内容进行表达和解释，提高学生在进行微课学习时与学习资源间的交互有效性，如微课中课件、动画、图形、图像等的呈现。总之，微课这四大因素是相互影响、相互关联的。通过对这四大要素的设计，教师有助于构建成一个具有结构化、数字化的课程资源。

（三）微课模式的优势

从微课的定义与构成上不难看出，微课与当前信息技术相适应，也与《大学英语教学指南》相适应，是一种新兴媒体在教学领域的运用。可以说，微课在大学英语教学中的优势非常明显。

1. 教学内容少

微课模式主要是对课堂教学中某一知识点教学的凸显，或者是对教学中某一环节或者某一主题活动的反映。与传统教学内容相比，大学英语微课教学内容精简，更符合教学的需要。

2. 教学时间短

一般来说，大学英语微课教学视频时长为 3~8 分钟，最长也不应超过 10 分钟。相比之下，传统课堂教学时间较长，一般为 40~45 分钟。因此，微课常常被称为"微课例"或"课堂片段"。也就是说，微课教学时间短。在当前的大学英语教学中，使用微课模式有助于针对教学难点开展教学，使学生能将这些注意力集中在教学的黄金时段，通过与教师的互动解决学习上的困惑。

3. 资源容量小

通常情况下，微课模式中的教学视频及配套资料的容量约为几十兆，容量一般比较小。在大学英语教学中，微课这一模式有助于教师与学生间流畅地展开交流。

4. 资源构成情境化

大学英语微课教学的内容通常具有鲜明的主题，且指向也完整、明确。教学视频片段是微课的主线，并以此对教学设计及其他教学资源进行统整，从而构筑一个类型多样、主题凸显、结构紧凑的"主题单元资源包"，创造出一个真实的教学资源环境。这就使微课资源具有了视频教学案例的特点。这样真实、具体的情境不仅有助于学生提升自己的思维能力，还有助于提升教师的教学技能和学生自己的学业水平。

5. 反馈及时、针对性强

微课教学内容少、教学时间短，因为可以在短时间集中开展"无生上课"活动，因此教师和学生都可以迅速获取反馈信息。此外，每一位学生都可以参与进课前组织预演，相互学习，这在一定程度上有助于减轻教师的压力，保证英语教学活动的顺利开展。

6.成果简化、多样传播

微课教学内容主题鲜明、内容具体，因此其成果易于转化和传播。同时，微课教学时间短、容量小，因此其传播的方式也是多种多样的，如网上视频传播、微博讨论传播等。

7.主题鲜明，内容具体

微课课程的开展是建立在某一主题上的，其研究和探讨的问题也主要来自具体、真实的教学实践。例如，教学实践中关于教学策略、学习策略、重点难点、教学反思等问题。

※ 三、大学英语慕课模式

在网络多媒体环境下，慕课模式是以关联主义为基础、开展大规模的在线教学方式和学习方式。慕课模式的形成和发展并不是偶然的，而是在时代的发展和信息技术的进步基础上实现的。

（一）慕课模式的定义

慕课是一种在线课程开放模式，是在传统发布资源、学习管理系统的基础上建立起来的课程模式，又称为"大型开放式网络课程"。慕课主要由具有协作精神与分享精神的个人所组织，他们将优异的课程上传到网络，供需要的人下载和学习，目的是促进知识的传播和发展。

2012年9月20日，维基百科将慕课进行了界定，即慕课是一种以开放访问、大规模参加作为目的的在线课程。慕课的英文字母是MOOC，这四个字母分别有其特定的含义。

M：代表参与这种开放性课程的人数多、规模大。

O：代表这一课程具有开放性，只要是想学习的人都可以参与其中。

O：代表这一课程学习的时间是非常灵活的，想学习的人可以自主选择。

C：代表课程包含的种类众多。

（二）慕课模式的优势

慕课模式应用于大学英语教学必然会引起重大的教学理念与教学方式的改变。也就是说，慕课模式对当前的大学英语教学意义重大。具体而言，慕课模式具有如下几点优势：

1.提供能力培养平台

我国的大学英语教学虽然一直在不断变革，但是总体上还是将重心放在基础知识教学上。这种教学模式必然阻碍学生将英语教学与专业结合起来，也就很难实现自己综合能力的提升。

受这一教学理念和教学背景的影响，很多学生忽视了英语的学习，并没有意识到"英语"这一工具的作用。慕课的出现能够为学生提供最新的发展评估和专业动向，有助于激发学生的学习动机和兴趣，促使学生提升自己的专业能力，解决英语教学与自己专业的问题。

2. 平衡不同学生水平

高校学生来自不同的地域，各地的教学水平存在差异，学生的学习能力和学习基础也高低不同。在统一的大班英语课堂上，教师很难实行一对一教学，只能从宏观上对学生进行指导。在这样的教育现实下，很多学生已经追赶不上教学的进度，或者不满足于当前的教学水平。

慕课模式通过开放性的网络平台，给学生提供了有针对性的教学，便于缓解教师的"教"与学生的"学"的矛盾。同时，该模式不受时空限制，既有利于促进基础好的学生能力的发展，也有利于基础差的学生知识的巩固。

3. 形成语言使用环境

对于我国学生而言，英语是第二语言，因此本身缺乏语言学习的环境，导致学生在课堂上学到的知识很难在现实中应用。很大程度上说，这降低了学生学习英语的成就感，也对日后学生的语言能力提升十分不利。

慕课的出现能够为学生创设良好的语言学习环境，即学生可以接触到真实的语言，甚至可以与世界上其他国家的人们进行交流，这有助于提升学生自身的听说能力。

4. 扩大学生知识储备

我国的大学英语教学主要是围绕课堂教学展开的，面对短暂的教学时间、繁重的课业压力，课堂教学很难给学生带来充足的知识。相比之下，慕课教学模式以网络为平台，向学生提供丰富的知识，方便学生进行提取，不仅扩大了学生的知识储备，还提升了学生的学习效率和兴趣。

（三）慕课模式的实施办法

作为一种新兴的大学英语教学形式，慕课模式往往会通过以下几个步骤进行教学，即课程设置多样化、上课方式多样化、考核方式多样化、传统课堂与慕课结合。

1. 课程设置多样化

就当前的大学英语教学来说，慕课模式改变了传统教学模式的单一状况。就师资力量来说，传统的大学英语教师资源非常有限；就教学材料来说，当前大多数高等院校使用上海外语教育出版社出版的《大学英语》《新世纪大学英语》，高等教育出版社出版的《大学体验英语》以及外语教学与研究出版社出版的《新视野大学英语》等；就课程设置来说，虽然各大高校都设置选修课，但是这些选修课大多是为英语四、六级考试设置的。对此，慕课教学模式根据学生的兴趣和需要来选择课程，大大提高了学生的学习兴趣，提升了学生学习英语的质量和效率。

2. 上课方式多样化

虽然我国各大高校都在推进大学英语教学改革，上课形式也不再单一，但是仍旧将教师讲授作为中心，其中穿插的多媒体也只是一种辅助形式，是教师板书的延伸而已。但是，在网络多媒体不断发展的背景下，慕课模式实现了上课方式的多样化，学生可以在校园任何地方坐在电脑前学习，或者通过 iPad 进行学习。

3.考核方式多样化

在网络多媒体教育环境下，大学英语慕课模式的关键在于考核方式的多样化。如果仅仅依靠传统的笔试或者论文式教学，那么就很难将学生的实际水平测试出来。在慕课模式下，考核方式的多样化主要涉及两点：一是探索个性化考核方式，即根据不同层次的考生设置不同的测试题目；二是探索开放性的考试方式。总之，无论个性化考核方式，还是开放性考核方式，其前提都是为了激发学生的学习积极性和学习兴趣。

4.传统课堂与慕课结合

前面已经介绍了慕课模式的优势，但是在采用慕课模式的同时，还需要注意两个问题：

首先，大学英语慕课模式教学还有待完善，因为需要对教师进行培训，还需要准备与之配套的教学硬件设备。

其次，对于大学生来说，他们自身水平存在差异，因此要想让不同层次的学生适应慕课模式，也需要很长一段时间。如果将所有的教学内容置于网上，那么那些本身自制力差的学生就更容易放弃，这当然是教师不愿意看到的。

因此，当前属于新旧交替时期，教师仍旧扮演着重要角色。首先，教师应该积极探索能够激发学生主动性和积极性的慕课课件；其次，教师需要对学生的基本情况有一个清晰的了解，保证慕课课件能够被大多数学生理解和把握；最后，教师还需要了解不同学生的自主学习能力，锻炼学生的心理素质，使他们尽快适应新兴的教学模式。

第三节　基于网络多媒体的大学英语教学前景展望

※　一、网络多媒体技术为大学英语教学带来的机遇

著名学者 Warschauer 指出："无论是今天的教育，还是未来的教育，教师都是其中的组织者、督促者、向导和咨询人，学习不再是为了学习而学习，而是为了满足需要而学习。"网络多媒体技术应用于大学英语教学是为了满足未来的需要，而应用的关键在于对这种机遇的了解和把握。那么，网络多媒体技术给大学英语教学带来了什么机遇呢？

（一）能够发挥学生的主体作用，提高学生学习的积极性和主动性

基于网络多媒体的大学英语教学，可以将学生的主体地位充分地发挥出来。学生从自己的需要、可能出发，选择恰当的上课时间，采用适合自己的教学进度和方法，在网络多媒体的指导下进行练习。当学生遇到困难时，学生可以随时放缓速度，随时进行补充，随

时增加信息量；当学生感到能胜任学习任务时，经"网络多媒体教师"的检验与测试，学生可以加快进度，减少练习量。在这一过程中，学生能够及时巩固自己的语言技能，改正自己学习中的失误和不足，促使其形成正确的语言习惯。同时，学生可以随时运用多种教材和课件，或者访问、查询、下载网上的信息和资源，进行个别化的学习。当遇到问题时，他们可以通过 E-mail 等与教师进行沟通，让教师帮忙答疑解惑。因此，网络多媒体的应用，使学生的学习不再受到干扰，也可以使他们及时了解自己的学习情况，将自己的主观能动性发挥出来，激励着自己的英语学习。

大学英语教学属于一门能力课，光靠理论学习是不行的，还需要大量的操作训练。在传统的教学中，学生并没有充足的自信心，在公共场合羞于表达自己的观点，上课也非常焦虑，担心被教师提问，担心丢脸。相比之下，在网络多媒体辅助大学英语教学中，由于教师与学生的交流通过在线交流、电子邮件或微博，学生不必担心因回答不出问题而丢脸，情感层面的焦虑也会被释放，这时他们愿意提出问题、回答问题。因此，网络多媒体创造的这种宽松的环境有助于提升学生的学习效率。

另外，网络多媒体环境本身是一种交互式学习环境，动态与静态结合、图片与文字结合、声音与情感融合、视觉与听觉并用，其表现效果也更逼真，因此学习也就不再是一件枯燥的事情，而是能够引起学生的兴趣，更好地发挥学生的智力因素，调动学生的学习潜能和积极性。

（二）能够提高教师的工作效率，达到最佳的教学效果

如前所述，计算机作为一种工具，可以大大提高教师的工作效率，如教师教案的设计、学生成绩的登录、教学资料的查询等都可以通过计算机轻松地完成，从而大大减少教师的工作量。

在英语课堂教学中，教师可以通过工作站、服务器等对自己的备课内容进行讲解，并可以随时监察学生的学习情况，通过将全班学生的整个操练过程记录下来，及时了解学生的实际语言情况，最后对测试结果进行分析和统计。

在批改作业上，客观性的题目也可以通过计算机来处理，主观题可以由学生通过电脑操作，然后教师利用文字处理软件进行整理和批改。这样不仅可以从根本上解决学生数量多、教师数量少的矛盾，还可以让教师从琐事中解脱出来，让他们将更多的精力放在教学内容、教学环节的设计和教学内容的讲解上。这些教学内容和教学环节的设计包含对教学大纲的理解、教学方法的研究、教学内容的组织等。

试题库的建立在一定程度上允许学生自行选择时间进行测试，如果通过了考核，那么他们可以进入下一阶段的学习。只有这样，才有可能实现真正的学分制管理，做到因材施教，因为这一模式将学生从传统固定的教室、固定的教学模式、固定的教材中解脱出来。在这种环境下，教师可以根据社会需要进行教学自我调节，学生也可以运用最合适的方式使自己尽可能地达到自己想要达到的水平。

除此之外，教师与教师之间、教师与不同班级的学生之间还可以进行教学成果共享。某位教师备课的成果通过处理后，上传至网络，其他教师可以下载学习，促进水平不高的教师迅速成长，也促使水平高的教师脱颖而出。

（三）能够提供丰富的信息量，激发学生学习的兴趣和求知欲望

利用网络多媒体技术辅助大学英语教学，除了传统文字教材外，教师首先可以从学生的基本情况出发，调用各种资料进行编辑与制作各种教学课件；教师还可以根据需要在网上进行选择和搜集学习资料，不断更新和丰富自己的教学内容。例如，在阅读课上，教师可以在不改变该课程要求的前提下，运用网络上与该课程内容相关的新资料代替其中的部分，如课文内容是 transportation（运输），教师可布置任务让学生上网查询下载与该主题相关的资料，使课程符合时代发展的特征，激发学生的学习主动性和积极性，实现既定的学习目标。

其次，教师可以利用与文字教材配套的电子教材。例如，上海外语教育出版社与华南理工大学外语系合作开发的《大学英语·精读》多媒体光盘。教师还可以选择外语新闻、人物传记、原版电影等，这些都具有地道、纯正的发音，可使学生有更多的机会接触英语本族人所讲的英语，这样不断地模仿有利于提升学生的口语水平。

此外，国际互联网的通用语言也为英语，因此在网上存储着应有尽有的多媒体形式的资源，有专门的教学资源，有实时性极强的报刊资源，这些资源都为学生提供了原汁原味的资料。

（四）能够提供多种教学模式，提高学生的语言运用能力、交际能力和计算机运用能力

网上学习交流可采用虚拟教师、电子白板、参加新闻组、加入电子论坛、发送和接收 E-mail 等多种教学模式，实现不同时间、不同位置的信息交流，可能是一对一交流、一对多交流，也可能是多对多交流等，通过声卡、计算机、数字视频等的交流，使学生在虚拟教室中完成学习任务。学生还可以通过万维网交谈、网页讨论版、在线交流等方式，与世界各地的英语本族语者进行交流，锻炼学生的口语能力、写作能力、分析与逻辑思维能力，同时还能促进人际间的交往。

在这一过程中，学生运用网络多媒体技术的能力也要不断提高，能熟练使用计算机软件，并掌握快速搜索功能。

※ 二、基于网络多媒体的大学英语教学面临的挑战

之前已经提到，网络多媒体技术打破了时空的界限，建立了一种开放性的教学环境，这就使传统的密集型教学转向分散化、个别化、社会化的教学，教学活动的时间和范围都在向外扩展。但是，如何开启有效的网络多媒体手段，创造先进的基于网络多媒体的大学

英语教学模式，是当前英语教学面临的重大问题，也是网络多媒体技术对大学英语教学的挑战。

（一）对学生的独立学习能力提出了更高的要求

网络多媒体技术使学生的学习不受时间、地点的限制，充分体现了网络自主学习模式下以学生为学习主体的个性化学习。它要求学生要有很高的自控性，主动性要较强，能够根据教学要求，认真完成教学任务而不是偏离学习要求。一方面需要端正学生的学习态度，明确学习目标，另一方面也需要加强教师的指导和监控，以科学的评价体系和标准完善教学监督和管理，才能确保学生完成老师规定的学习任务，并合理利用学习时间。

此外，网络多媒体技术下的英语学习对学生掌握和使用计算机的能力提出了更高的要求。特别是网络提供的信息都是各个领域的新信息，但信息的控制很大的一部分掌握在学生自己的手中，因此，学生需要根据自己的需要对信息进行不同的组合，通过重组、添加将新旧知识组合在一起。也就是说，学生决定着自己学习什么、怎么学习以及什么时候学习。可见，基于网络多媒体的大学英语教学对学生的学习能力提出了更高要求，他们需要对知识进行选择，制订适合自己的学习计划，以发挥学习者的积极作用。

（二）对大学英语教师的素质提出了更高的要求

在教学过程中，教师的作用发生了一定的变化。传统教学中教师的地位占主导，教师想讲什么就讲什么，想怎么讲就怎么讲，因此教师就是知识的传授者，学生是被动的接收者。而在网络多媒体环境下，教师的作用并未消减，教师起着协调、组织的作用，并且有时会充当学习者，学生不再是被动地接受，而变成了协作者。可以看出，这时候师生关系变成了平等的关系，在这种关系中，师生之间能够通过各种形式进行交流，教师也会在交流中不断鼓励学生进行尝试和探索。

网络多媒体技术一方面对教师来说提高了教学的效率，另一方面它对大学英语教师的素质提出了更高层次的要求。在基于网络多媒体的大学英语教学模式下，教师需要在以下几方面加以提高：

1.更新教学观念

在新的教育形式下，教师要加强对教育现代化和最新的外语教学理论学习，树立终身学习的观念，不断提高自己的业务素质和水平，转变传统教学理念才能适应新的教学模式。在基于网络和多媒体的大学英语教学模式下，教师的作用发生了一定的变化，教师不再只是传统语言教学中知识的传授者，而是课堂教学的设计者、组织者、协调者、学生学习的督促者和学习效果的评估者，而学生不再是被动的接收者，而是自身学习的管理者、监控者、探究者和协作者。角色的转变对教师业务素质提出了更高的要求，也促使教师不断提高自身素质。

2. 研讨网络多媒体的教学形式和方法

网络多媒体教学和传统教学有很大的不同，其教学思路、方式、内容、过程等方面都发生了明显的变化，但注重英语语言知识传授、语言技能训练与语用能力培养仍是基于网络多媒体大学英语教学模式的核心。教师作为教学活动的组织者，只有协调好学生（教学的对象）、教学内容（英语交际必备的听、说、读、写、译技能）、教学环境（课堂教学和课后学习）、教学方式（课堂面授与课后自学）等要素之间的关系，形成符合语言学习目的合理的教学结构，才能发挥教学模式应有的效力。为此，教师不断研讨网络多媒体的教学形式和方法，注重如何设计课堂教学并组织、完善课堂教学对实现教学目标起着重要作用。

3. 提高网络多媒体操作能力

提高网络多媒体操作能力是实现新教学模式的保证。教师除了要具备精深的业务水平、广博的学识、敏捷的思维外，还要了解和掌握网络多媒体技术的理论，精通计算机软件、硬件，并且能够根据自己的需要设计微课、翻转课堂教学视频和软件，实现教学过程的最优化，达到启发学生思维，发展英语实际能力的理想教学效果，为学生学习思考、参与活动、探索知识提供技术保证。

（三）对学生甄别信息、正确利用信息提出了挑战

网络多媒体技术为学生提供了丰富多彩的信息，但其中不可避免地会掺杂一些错误的或者无用的信息。因此，教师还需要引导学生提高甄别信息的能力，并教育学生正确利用网络信息，将自己的时间与精力真正应用到知识的积累与学习上，而不是浪费时间玩游戏、看网页，忽视对英语课程内容的巩固和复习。

此外，学校的管理部门也需要对校园网络进行监管，制定严格的规章制度，这都有助于保证学生正确上网。

※ 三、基于网络多媒体的大学英语教学的应对策略

网络多媒体技术为大学英语教学带来了机遇，也提出了挑战。因此，当前的大学英语教学只有顺应时代的变化，紧紧抓住这些机遇，并且正视这些挑战，才能更好地推动大学英语教学的发展，更好地培养出社会需要的英语人才。那么，如何才能以网络多媒体技术为依托，推动大学英语教学走向一个新台阶呢？需要采取如下几点应对策略：

（一）加强对学生学习的指导，正确处理好传统课堂教学与多媒体教学的关系

网络多媒体技术提供的学习具有开放性，因此学生是否进行网上学习、在多媒体教室做什么、花费的时间到底多少，是很难确定和知道的。尤其是在开始时，学生面对浩瀚的资料、计算机的功能，常常会感到无所适从，有的学生甚至沉迷于玩游戏、看电影，而没

有进入有意义的学习中。因此，教师需要对学生进行指导，在课前要告诉学生每个单元的课时如何安排，实现什么教学目的；要告诉学生网上学习的内容、完成哪些作业，同时检查学生的学习效果。

教师要时刻注意学生的学习进展情况，尤其要加强师生之间的沟通和交流。教师应从实际情况、学生的实际表现对每一部分内容的比重进行调整，不能放任学生，也不能让多媒体完全取代课堂教学，而应该将多媒体与课堂教学结合起来，并协调好二者的比例关系，对新型教学方法进行有步骤的实施，才能真正地发挥网络多媒体技术的作用。例如，要围绕课堂内容组织课堂讨论、组织讲座等，让学生主动上台演讲，提高自己的表达能力和严谨的交际语言能力。

（二）保证硬件设备能够到位，并且顺畅运转

网络多媒体技术的一大优势是实现资源共享。网络多媒体技术应用于大学英语教学应贯穿教学工作的全过程，其建立在校园网基础上，主要由智能计算机辅助系统、网上交流系统、多媒体课件等硬件设备构成。在硬件设备的建设上，学校应为教学提供技术保障，要利用好校园网和多媒体网络教室，保证学生可以在不同时间、不同地点上机学习，保证网络的顺畅运转。

此外，教师还要注意对硬件设备进行改进和维护，加强对多媒体教室的维护和管理，提升硬件设备的质量。

（三）制定政策，鼓励一线教师参与教学软件的制作和设计

硬件是网络多媒体辅助英语教学的基础，而软件是其保证。文字教材、电子课件等教学材料的建设，要做到统筹兼顾、统一规划、同步进行。同时，应该鼓励具有丰富教学经验，又能熟练操作计算机的外语教师、科研人员、计算机专业人员和电教工作人员积极参与教学课件的编写与制作，可制作投影片、录像片及各种微课视频等，对参与人员应该设置一定的教学工作量，对优秀课件进行奖励，并在物力、财力方面给予相应的保证和投入。此外，大学英语教师在教学的过程中也可以通过与学生进行探讨，不断获得新的启发，再将这些信息融入软件的建设中，不断改进和完善教学软件和课件，为英语教学的顺利实施奠定良好的基础，做一个软件开发的有心人。

第七章　信息技术与大学英语课程整合的教学模式

第一节　信息技术与课程整合的理论与方法

　　信息技术与课程整合尽管在我国已开展多年，但不少教师仍对此缺乏正确的认识。有些教师把信息技术与课程整合看作现代化教学的一种工具、手段或是更有效地学习信息技术的一种方式。更多的教师则是把信息技术与课程整合和计算机辅助教学完全等同起来，认为只要在课堂上运用了多媒体或是课件就是在进行信息技术与课程的整合。这种看法反映出部分教师对信息技术与课程整合的内涵和实质缺乏了解，同时也表明他们对于实施信息技术与课程整合的途径与方法没有了解和掌握。

　　何克抗教授指出，任何一种关于信息技术与课程整合的理论都必须回答以下三个问题：

　　（1）信息技术与课程整合的目标（意义）是什么？

　　（2）信息技术与课程整合的内涵（实质）是什么？

　　（3）信息技术与课程整合的方法（途径）是什么？

　　只有对上述三个问题做出科学的回答，并且能够通过教学实践的检验，才能达到深层次整合的要求。下面我们将从以下三个方面，对信息技术与学科课程深层次整合的理论与方法进行探讨：

※ 一、信息技术与课程整合的目标与内涵

（一）信息技术教育应用的发展

　　自 20 世纪 50 年代末期研究出第一个计算机辅助教学系统以来，信息技术教育应用在发达国家大体经历了三个发展阶段。

　　从 20 世纪 60 年代初期至 80 年代中期，主要是利用计算机的快速运算、图形动画和仿真等功能辅助教师解决教学中的某些重点、难点，这一阶段被称为计算机辅助教学阶段（CAI）。CAI 课件大多以演示为主，这是信息技术教育应用的第一个发展阶段。在这一阶段，一般只提计算机教育，还没有提出"信息技术教育"的概念。

　　从 20 世纪 80 年代中期至 90 年代中期为计算机辅助学习阶段（CAL）。此阶段逐步从

辅助教为主转向辅助学为主，强调如何利用计算机作为辅助学生学习的工具，例如用计算机帮助搜集资料、辅导答疑、自我测试以及帮助安排学习计划等。这个阶段不仅用计算机辅助教师的教学，更强调用计算机辅助学生自主地学习，是信息技术教育应用的第二个发展阶段。在这一阶段，"计算机教育"和"信息技术教育"两种概念同时并存。应当指出的是，我国由于信息技术教育应用起步较晚，目前绝大多数高校的信息技术教育应用模式仍然主要是 CAI 阶段，即计算机辅助教学阶段。

信息技术与各学科课程的整合是从 20 世纪 90 年代中期开始的，被称为信息技术与课程整合阶段（IITC）。至此，信息技术教育应用进入第三个发展阶段。这一阶段以信息技术应用于教学为显著特征，使教学模式发生了重大变化。在这一阶段，原来的计算机教育（或计算机文化）概念已完全被信息技术教育所取代。信息技术与课程的整合是当前国际教育界非常关注的一个研究课题。

（二）信息技术与课程整合的目标

信息技术与课程整合，不是仅仅把信息技术作为辅助教或辅助学的工具，而是强调要利用信息技术来一种营造新型的教学环境，该环境应是能支持情境创设、启发思考、信息获取、资源共享、多重交互、自主探究、协作学习等多方面要求的教学方式与学习方式，也就是实现一种既能发挥教师主导作用又能充分体现学生主体地位的以"自主、探究、合作"为特征的教与学方式，这样就可以把学生的主动性、积极性、创造性较充分地发挥出来，使传统的以教师为中心的课堂教学模式发生根本性变革。教学模式变革的主要标志是师生关系与师生地位作用的改变，从而使学生的创新精神与实践能力的培养真正落到实处，这正是我们的素质教育目标所要求的。

西方发达国家把信息技术与课程整合看成培养 21 世纪人才的根本措施，而 21 世纪人才的核心素质则是创新精神与合作精神。信息技术与课程整合是培养创新人才的重要途径乃至根本措施，信息技术与课程整合所要达到的目标，就是要实现创新人才的培养。这既是我国素质教育的主要目标，也是当今世界各国进行新一轮教育改革的主要目标。

（三）信息技术与课程整合的内涵

从以上对信息技术与课程整合目标的分析可以看到，我们对整合目标的确定，是首先从分析信息技术与课程整合的性质、功能入手，在把握信息技术与课程整合本质特征的基础上推导出其目标。因此只要稍加精练与加工，我们就完全有可能从上述关于整合目标的分析过程中，引申出关于信息技术与课程整合的定义或内涵。

这一定义或内涵可以表述为："所谓信息技术与学科课程的整合，就是通过将信息技术有效地融合于各学科的教学过程来营造一种新型教学环境，实现一种既能发挥教师主导作用又能充分体现学生主体地位的以'自主、探究、合作'为特征的教与学方式，从而把学生的主动性、积极性、创造性较充分发挥出来，使传统的以教师为中心的课堂教学模式发生根本性变革，从而使学生的创新精神与实践能力的培养真正落到实处。"

由这一定义可见，它包含三个基本属性：创设新型教学环境、实施新的教与学方式、改革传统的教学模式。新型教学环境的建构是为了支持新的教与学方式，新的教与学的方式是为了改革传统的教学模式，改革传统的教学模式则是为了最终达到创新精神与实践能力培养的目标，如创新人才培养的目标。可见，"整合"的实质与落脚点是改革传统的教学模式，即改变"以教师为中心"的教学模式，创建新型的、既能发挥教师主导作用又能充分体现学生主体地位的"主导—主体相结合"教学模式。

"环境"这一概念的含义很广，教学过程主体以外的一切人力因素与非人力因素都属于教学环境的范畴。所以，上述定义就信息技术在教育领域的应用而言，和把计算机为核心的信息技术仅仅看成工具、手段的 CAI 或 CAL 相比，显然要广泛得多、深刻得多，其实际意义也要重大得多。CAI 主要是对教学方法与教学手段的改变，但没有出现新的学习方式，更没有改变教学模式，所以它和信息技术与课程整合二者之间绝不能画等号。但是，在课程整合过程中也会将 CAI 课件用于促进学生的自主学习，所以"整合"并不排斥 CAI，其目的是运用 CAI 课件作为提供学生自主学习的认知工具与协作交流工具，这种情况下 CAI 只是信息技术应用于整个教育过程的一个环节、一个局部。而传统的以教师为中心的计算机辅助教学是把 CAI 课件作为辅助教师突破教学中的重点与难点的直观教具、演示教具，这种情况下 CAI 就是信息技术应用于教育的全部内容。可见，这两种教学情境下 CAI 课件的运用，其应用方式和内涵实质都是不一样的。

目前从全球教育的发展趋势来看，信息技术教育应用逐渐进入第三个发展阶段，即信息技术与课程整合的阶段。进入这个阶段后，信息技术就不再仅仅是辅助教或辅助学的工具，而是要通过建立新型教学环境和教与学方式，从根本上改变传统的以教师为中心的教学模式，以培养学生的创新精神与实践能力为教学目标，即大批培养创新人才的目标。

※ 二、信息技术与课程整合的途径与方法

就高等教育而言，我国教育信息化的硬件设施有了很大的发展，高校的校园网络建设基本上已经在全国范围内普及。虽然教育信息化硬件设施有了大幅增长，但是目前却绝大部分未能充分发挥作用，造成了资源的极大浪费。有关专家指出，目前我国大学校园网90% 以上只用于科研方面的资料查找，而没有其他的教育教学应用。在其余 10% 科研以外的应用中，有一部分用于教育行政管理（如学校办公系统、电子图书馆、学生成绩统计等），另有一部分用于辅助教学（一般都停留在多媒体课件的浅层次运用）。真正能在某些学科教学中，通过开展信息技术与课程的有效整合实现教育深化改革的高校并不多。如何运用信息技术环境（尤其是网络环境）来促进教育深化改革，改变传统的"以教师为中心"的教学模式、形成"主导—主体相结合"的新型教学模式，是关于提升高校的学科教学质量与效率的问题，也是中国教育信息化、科学化的关键问题。

目前，国际上普遍认为只有通过信息技术与课程的有效整合才有可能解决上述问题。

信息技术与课程整合的理论必须能够对信息技术与课程整合的目标、内涵、方法等三方面的问题做出科学的回答，以整合途径与方法，这是信息技术与课程整合理论中最关键的问题。有关专家指出，信息技术与课程的有效整合意味着数字化的学习，而数字化的关键是将数字化内容整合的范围日益增加，直至整合整个课程，并应用于课堂教学。当具有明确教育目标且训练有素的教师把具有动态性质的数字内容运用于教学的时候，它将提高学生探索与研究的水平，从而有可能达到数字化学习的目标。为了创造生动的数字化学习环境，学校必须将数字化内容与各学科课程相整合。

美国教育技术CEO论坛的第三年度（2000年）报告提出进行有效整合的步骤方法如下：

（1）确定教育目标，并将数字化内容与该目标联系起来。

（2）确定课程整合应当达到的、可以被测量与评价的结果和标准。

（3）依据上面第二条所确定的标准进行测量与评价。

然后按照评价结果对整合的方式做出相应的调整，以有效地实现教学目标。但是应该指出，这样的步骤方法既不涉及"整合"的指导思想，又不涉及"整合"的教学设计、教学资源与教学模式，对教师而言在实际的操作中会有困难。

从事信息技术教育的学者普遍认为，信息技术应用于教学主要是在课前与课后，包括资料查找以及在学生与学生之间、学生与教师之间进行交流与合作，而课堂教学过程的几十分钟，一般难以发挥信息技术的作用，还是要靠教师去言传身教。信息技术应用于课前时，是指教师利用这种方式在课前将讲授内容、相关资料、重点难点以及预习要求，事先通过网络发布，使学生在上课前能做好充分准备，若有疑问还可随时和教师进行沟通与交流。基于问题的学习、基于项目的学习、基于资源的学习则属于另一类模式，它们同属于基于网络的专题"研究性学习"模式。由于这类模式是围绕自然界或社会生活中的真实问题而展开，往往是多个学科的交叉、多种知识的综合运用，要进行大量的实际调查、访谈或测量，需要花费较多时间，只能利用课外时间来完成，所以不适合作为课堂上的常规教学模式。

在各门学科的信息技术与课程整合过程中，我们应该结合中国的国情，遵循一定的指导思想与实施原则，找到实现信息技术与课程深层次整合的基本途径与方法。

1. 以先进的教育理念为指导

为了实现上述目标，必须运用先进的教育理论，特别是以建构主义理论为指导。信息技术与课程整合的过程绝不仅仅是现代信息技术手段的运用过程，它还是教育深化改革的过程。没有理论指导的实践是盲目的实践，改革必将失去正确的方向。除此以外，还因为建构主义的学习理论与教学理论以及建构主义学习环境下的教学设计方法，可以为信息技术环境下的教学，也就是信息技术与各学科课程的整合提供强有力的理论支撑。

2. 以建立新型的教学模式为中心

上文在分析信息技术与课程整合定义与内涵的过程中曾经指出，"整合"的实质与基础是变革传统的教学模式，即改变以教师为中心的教学结构，创建新型的既能发挥教师主导作用又能充分体现学生主体地位的"主导—主体相结合"教学模式。这就要求教师在进行课程整合的过程中，密切关注教学系统四个要素（教师、学生、教学内容、教学媒体）的地位与作用。通过课程整合，使这四个要素的地位与作用发生相应的改变，并深入思考以下问题：改变的程度有多大？哪些要素改变？哪些要素没有改变？没有改变的原因在哪里？这些问题，正是衡量整合效果与整合层次的主要依据。

3. 坚持"学教并重"的教学设计理论

目前流行的教学设计理论主要有"以教为主"和"以学为主"两大类，后者也称为建构主义学习环境下的教学设计。由于这两种教学设计理论均有其各自的优势与不足，所以最好是将两者结合起来，形成优势互补的"学教并重"的教学设计理论。这种理论既重视发挥教师的主导作用，又充分体现学生的主体地位。在运用这种理论进行教学设计时，以计算机为核心的信息技术，包括多媒体和计算机网络技术在内，不单单是辅助教师教课的形象化教学工具，更重要的是作为促进学生自主学习的认知工具与协作交流工具。建构主义学习环境下的教学设计理论，能在这方面发挥重要的指导作用。

4. 重视教学资源的建设

丰富而高质量的教学资源，是实现课程整合的必要前提，是学生的自主学习、自主发现和自主探索必不可少的条件，也是改变"教师主宰课堂、学生被动接受知识"这种状态的要求。缺少了这个条件，新型教学模式的创建便无从说起，创新人才的培养也无法实现。教学资源的建设，要求广大教师努力搜集、整理和充分利用互联网上的已有资源（如免费教学软件等），只有在确实找不到理想的与学习主题相关的资源情况下，才有必要由教师自己去进行开发。

5. 注意结合学科的特点

新型教学模式的创建要通过全新的教学结构来实现。教学结构属于教学方法、教学策略的范畴，但又不完全等同于教学方法或教学策略。教学方法或教学策略一般是指教学上采用的单一的方法或策略，而教学结构则是指两种或两种以上教学方法或教学策略的稳定组合。在教学过程中，为了实现某种预期的效果或目标，创建新型的教学模式，往往要综合运用多种不同的方法与策略。当这些教学方法与策略的联合运用总能达到预期的效果或目标时，就成为一种有效的教学结构。能实现新型教学模式的教学结构很多，但因学科和教学单元的内容不同而异。在实际教学中教师应结合各自学科的特点，并通过信息技术与课程的深层次整合去创建新型的既能发挥教师主导作用又能充分体现学生主体地位的"主导—主体相结合"教学模式。由此产生的教学模式的类型是多种多样的、分层次的。常见的实现信息技术与课程深层次整合的教学模式包括"探究性教学模式"、专题"研究性教学模式"、"仿真实验教学模式"等。"探究性教学模式"适用于各个学科每一个知识点的常规教学，这种模式可以深入地达到各学科认知目标与情感目标的要求，且文理科皆适用。

专题"研究性教学模式"适用于培养学生解决实际问题的能力，包括发现问题、提出问题、分析问题、解决问题的能力。"仿真实验教学模式"则适用于物理、化学、生物等课程的实验教学。这几种教学模式都有各自不同的实施步骤与方法，如果能将上述几种教学模式灵活运用，将有力地促进信息技术与课程设计的深层次整合。

※ 三、信息技术与课程整合在大学英语教学改革中的实践意义

多年来，大学英语教学的模式，实质上就是"以教师为中心"的教学模式。在这种模式下，教学系统中四个要素的关系是：教师是主动的施教者，是教学过程的绝对权威，教师通过口授、板书把语言知识传递给学生；作为学习过程主体的学生，在整个教学过程中主要是用耳朵听讲、用手记笔记，完全处于被动接受状态，是外部刺激的接收器；媒体在教学过程中主要是作为辅助教师教课即用于突破教学中重点、难点的演示教具与直观教具；教材是学生获取知识的唯一来源，教师讲这本教材，复习和考试都是依据这本教材。这种教学模式的优点是有利于教师主导作用的发挥，有利于教师对课堂教学的组织、管理与控制。但是，这一模式的最大缺陷就是忽视学生主动性与积极性的发挥，不能把学生的主体地位很好地体现出来，难以达到理想的教学效果。

近年来，我国大学英语教学改革取得了不小的成绩。"整合"的实质正是要改变以教师为中心的教学模式，创建新型的既能发挥教师主导作用又能充分体现学生主体地位的"主导—主体相结合"教学模式，以便激发学生的主动性、积极性与创造性，从而使创新人才培养的目标落到实处。由此可见，信息技术与课程整合对深化我国大学英语教学改革具有重要的现实意义。

在教学中探索和实践将信息技术与大学英语课程整合的教学模式，将会有助于大学英语教学改革进程的推进，提高大学英语教学的成效。开展信息技术与课程整合的落脚点是变革传统的教学结构，但由于教学模式的类型是多种多样的、分不同层次的，信息技术与课程的整合模式也不例外。学科教学过程涉及三个教学阶段：一个是与课堂教学环节直接相关的"课内阶段"，另外两个是课堂教学环节之外的"课前阶段"和"课后阶段"。因此，从最高层次考虑，信息技术与课程整合的教学模式只有两种，即按照所涉及的教学阶段来划分的"课内整合模式"和"课外整合模式"。

目前西方发达国家比较重视信息技术与"课前阶段"和"课后阶段"教学过程的整合，也就是"课外整合模式"。"课内整合教学模式"的课堂教学涉及不同学科、不同教学策略和不同技术环境支撑等多种因素，所以实现课内整合的教学模式分类比较复杂。根据技术支撑环境的不同，"课内整合教学模式"可以划分为基于多媒体演示、基于网络教室、基于软件工具或仿真实验室等类型。根据所选用教学策略的不同，"课内整合教学模式"原则上可以分为自主探究、协作学习、演示、讲授、讨论、辩论、角色扮演等多种类型。

第二节　信息技术与大学英语课程的课内整合模式

为了实践信息技术与大学英语课程的整合，必须变革传统的以教师为中心的教学模式。"课内整合教学模式"的课堂教学模式分类比较复杂。从选用教学策略的不同这一角度看，"课内整合教学模式"原则上可以分为自主探究、协作学习、演示、讲授、讨论、辩论、角色扮演等多种类型。其中，探究性教学模式是指在教学过程中要求学生在教师指导下，通过以"自主、探究、合作"为特征的学习方式对当前教学内容中的主要知识点进行自主学习、深入探究，并进行小组合作交流，从而较好地达到课程标准中关于认知目标与情感目标要求的一种教学模式。探究性教学模式的基本特征也可用一句话来概括：它既重视发挥教师在教学过程中的主导作用，又充分体现学生在学习过程中的主体地位。

在本节笔者将对目前影响较大的信息技术的课内整合教学模式——探究性教学模式进行介绍和分析，讲述它的产生背景、内涵与特征、实施步骤等问题，并结合这种整合模式在大学英语教学中的实施案例，探讨信息技术在大学英语教学中的课内课外整合模式的目标、内涵和实现的途径。

建构主义教学观有别于传统的教学观。传统观点认为，教育的目的是把前人所获得的知识传授给学生，师者只要传道授业便完成了使命，学生是知识的被动接收者。而建构主义观点则认为，学习过程是以自身已有的知识和经验为基础的建构活动，教师应该以此为终极教学目的，辅助学习者完成知识建构。因此，基于建构主义教学观所设计的主体学习活动是动态的。设计中充分考虑到主体已有的知识积累和学习经历与经验，主体形成的人生观和世界观也会对知识建构产生影响，在教学活动设计的过程中也应该最大限度地考虑学生在这方面所呈现的个体差异，在探究知识的过程中培养学生的批判性思维。对学生知识的评价体系应该建立在问题解决的过程中，以学生对事物的理解和解决问题的能力作为衡量的标准。将传统"教师决定式"或"灌输式"教学模式转化为开放式，教学活动的每个环节都有学生主体的参与，学习质量好坏不仅仅取决于学习者知识积累的多寡，更多的是学习者外化知识的能力的提升。换言之，学生获得知识的多少不再取决于学生死记硬背以及教师讲授内容的能力。在教学过程中，"教"与"学"不再只是简单的知识的传输和接收过程，而是包含了师生的互动、学生与学生之间的互动，以及学生主动寻索知识、不断构建新知识体系的过程。

建构主义学习观认为，学习不是信息简单地从外到内的单向输入，而是通过新信息与学习者原有的知识经验双向相互作用而实现的。因此，基于建构主义学习观的教学活动设计还应包括学习者与学习环境之间的互动。学习应该通过学习者高水平的思维活动来实现，而不是简单沿着记忆的流程进行。学习者需要建构关于事物及其过程的表征，但这种知识建构不是原封不动的知识搬运，而是应用已有的认知结构对新信息进行加工而完成的。

在这个知识学习、整合、内化的过程中，每个学习者都在以自己原有的经验系统为基础，对新的信息进行认识和编码，建构新的认知体系。在这一过程中，原有知识由于新经验的介入而发生调整和改变。因此，建构主义所倡导的"学习"，不再是教师向学生简单传递知识，而是学生主动建构自己的知识的过程。学生不再是被动的信息接收者；相反，学生要在主动改造和重组原有经验的基础上建构新信息的意义，这种建构不可能由他人代替。学生学习的主要任务，不再是对各种事实性信息的记忆、复述和简单应用，而是在教师指导下主动地、有意义地对外部信息进行选择和加工，搜集并分析有关的信息和资料，进而对所学习的问题提出各种假设并进行验证、评价甚至批判。

※ 一、探究性教学模式产生的背景

基于建构主义理论的探究性教学过程以学生为主体、以学生发展为本、以教师为主导，无论对教师，还是对学生，都提出了更高的要求。这就要求学生必须保证课后的时间及精力投入。建构主义教学理念强调情境学习，其目的之一就是让学生融入学习的情境中，主动观察模仿情境中所隐含的知识与技能，进而培养独立思索的能力，以解决实际面临的各项问题。在建构主义理念下，作为探究问题学习者要有一个由"边缘"到"核心"的转变，这个过程就是学生自主能力提升的过程，这也符合情境学习理论的边缘参与规则。探究性教学要求学生勤于思考、发表独创见解、有创新精神，这都要求学生在课后不断反思，形成反思能力，发现科学的学习方法。

多数学者认为，学习方式是指学生在完成学习任务过程中的基本行为和认知取向。可以说，学习方式是当代学习理论中的一个重要概念。它不是指具体的学习方法和学习策略，而是指学习者在学习过程中发挥自主性、探究性与合作性方面的基本特征。传统的学习方式把学习建立在人的客体性、受动性和依赖性的基础之上，而忽视了学习者的主动性、能动性和独立性。转变学生的学习方式就是要转变这种他主的、被动的和依赖的学习方式，倡导自主的、探究的与合作的学习方式，使学生的主体意识，能动性和创造性不断得到发展，并真正成为学习的主人。

2007 年教育部高教司颁布的《大学英语课程教学要求》指出，各高校应充分利用现代信息技术，改进以教师讲授为主的单一教学模式，使英语的教与学可以在一定程度上不受时间和地点的限制，朝着个性化和自主学习的方向发展。新的教学模式应体现英语教学实用性、知识性和趣味性相结合的原则，有利于调动教师和学生两个方面的积极性，尤其要体现学生在教学过程中的主体地位和教师在教学过程中的主导作用。教学模式改革的目的之一是促进学生个性化学习方法的形成和学生自主学习能力的发展。新教学模式应能使学生选择适合自己需要的材料和方法进行学习，获得学习策略的指导，逐步提高其自主学习的能力。为此，明确倡导要在大学英语教学中推进以"自主、探究、合作"为特征的学习方式，从而改变传统的以教师为中心的教学模式。

2010 年,《国家中长期教育改革和发展规划纲要（2010—2020）》（以下简称"《纲要》"）颁布实施,该《纲要》指出要深化教育体制改革,改革人才培养体制,提高人才培养水平,创新人才培养模式。在此基础上,该《纲要》进一步明确了创新人才培养模式,即在遵循教育规律和人才成长规律的前提下,深化教育教学改革,创新教育教学方法,探索多种培养方式,形成各类人才辈出、拔尖创新人才不断涌现的局面。为此要倡导启发式、探究性、讨论式、参与式教学,帮助学生学会学习,注重学思结合。在教学过程中要注意激发学生的好奇心,培养学生的兴趣爱好,营造独立思考、自由探索的良好环境。同时,在教学中还要充分发挥现代信息技术作用,促进优质教学资源共享,引导学生深入研究,确定不同教育阶段学生必须掌握的核心内容,形成更新教学内容的机制。在上述背景下,探究性教学模式在我国教育界日益熟悉和被接受,越来越多的高校教师开始将这一教学模式运用到不同学科专业课程教学的教学实践中。

探究性教学模式对传统的以教师为中心的,单纯以讲授为主,学生被动接受的教学模式提出了挑战。教学模式的改变不仅是教学方法和教学手段的变化,而且是教学理念的转变,是实现从以教师为中心、单纯传授语言知识和技能的教学思想和实践,向以学生为中心,既传授语言知识与技能,更注重培养语言实际应用能力和自主学习能力的教学思想和实践的转变,也是向以培养学生终身学习能力为导向的终身教育的转变。探究性教学模式的学习对象（学习主题）是课文中的某一个或几个知识点,这与课外整合模式中的"研究性学习"教学模式有本质上的不同,因为"研究性学习"教学模式的学习主题总是围绕自然界或社会生活中的某个真实问题而进行。由于任何课程的教材都是由一篇篇的课文组成的,而每篇课文又总是包含一个或几个知识点,这就表明信息技术与课程整合的几乎所有日常教学活动（包括各种不同学科的常规课堂教学活动）都可以采用这种模式。事实上,探究性教学模式,目前已经成为能满足各学科常规课堂教学需要的、最有效也是最常用的课内整合模式。

※ 二、探究性教学模式的内涵与特征

探究性教学模式是指在教学过程中,要求学生在教师指导下,通过以"自主、探究、合作"为特征的学习方式,对当前教学内容中的主要知识点进行自主学习、深入探究并进行小组合作交流,从而较好地达到课程标准中关于认知目标与情感目标要求的一种教学模式。其认知目标涉及与学科相关的知识、概念、原理与能力的理解和掌握;情感目标则涉及感情、态度、价值观与思想品德的培养。在实施信息技术与课程深层次整合的过程中,各学科知识与能力（如阅读、写作、计算、看图、识图、实验以及上机操作等能力）的培养,以及健康情感、正确价值观与优秀思想品德的形成,都可通过探究性教学模式使之逐步落实。探究性教学模式的基本特征也可用一句话来概括:既重视发挥教师在教学过程中的主导作用,又充分体现学生在学习过程中的主体地位。这一教学模式的特点和优势具体

表现在以下两个方面：

1. 教师的主导作用

尽管探究性教学模式主要采用"自主、探究、合作"的学习方式，在教学过程中强调学生的自主学习和自主探究，但是它并不忽视教师在教学过程中的主导作用。相反，它通过下面四个环节使教师的主导作用在整个教学过程中得到全面的发挥。教师在探究性教学活动中的主导作用应该体现在如下几个角色上：

（1）学习动机的激发者

探究性学习的对象要由教师确定。探究性模式的教学总是围绕课程中的某个知识点（探究性学习的对象）而展开，到底是哪个知识点，不是随意确定的，更不能由学生自由选择，而是要由教师根据教学目标的要求和教学的进度来确定。同时，教师应适度激励学生以极高的热情和主动性参与活动，如考虑学生学业素质、兴趣、需要，适时适度地给予学生必要的个性化指导，营造相互信任支持和帮助的学习气氛，并鼓励学生全身心投入探究学习活动中。

（2）学生自主学习和协作学习的组织者

给学生提出若干富有启发性的，能引起学生深入思考并与当前学习对象密切相关的问题。在学习的对象确定之后，为了使探究性学习切实取得成效，还需在探究之前选择或设计教学的探究策略，如根据具体情况采用"支架式"策略、"抛锚式"策略、"随机进入式"策略等启发和引导学习者进行探索、发现规律，帮助学生在自主学习中完成知识建构。同时，设计多种交互形式，如竞争、辩论、伙伴合作、问题解决、角色扮演等方式，组织学生开展协作学习。

（3）学习环境和资源的设计者

进行探究时要由教师为学生提供多方面的帮助与指导，以便学生可以带着问题进行探究。这一过程固然是由学生个人或学习小组去实施完成，但是教师的作用也是必不可少的：教师应该为学生的探究活动设立积极学习情境（如吸引、情境、学业三种内容的设计）、新旧知识的联系线索、帮助构建新知识、精选设计组织和传递学习资源；教师甚至需要提供有关的探究工具，指导和引领学生正确高效地使用相关的教学资源（如图书馆中的专业数据库），以及对探究性学习中的方法、策略做必要的指导。如果这方面的学习支持与指导不落实、不到位，将会挫伤学生的学习信心与学习积极性，使探究性学习的效果大打折扣，甚至完全落空。

（4）探究过程的评价者

探究过程完成后要由教师对学生的探究过程进行评价和反馈，帮助学生进一步总结与提高。按照探究性学习的流程，探究过程结束后一般要先由学生个人或学习小组做总结，教师一般不是直接给出总结。学生通过一次探究性学习虽然能取得不小的收获，但他们毕竟是初学者，总结起来难免有片面之处甚至错误。通过全班的讨论交流，集思广益，取长补短，在一定程度上可以克服这些片面之处甚至错误。但是如果希望全班学生都能对当前的学习对象达到比较深入的理解与掌握，即对所学的知识点都能从感性认识上升至理性认识，做到不仅知其然，而且知其所以然，还需要教师的帮助与提高。

2. 学生的主体地位

根据建构主义理论，在探究性教学活动中必须确保学生的主体地位。换言之，学习是否有成效取决于学生在学习过程中的主体地位是否获得了保障。探究性教学模式因为采用"自主、探究、合作"的学习方式，所以在教学过程中特别强调学生的自主学习和自主探究，以及在此基础上实施的小组合作学习活动。一节课的教学目标主要靠学生个人的自主探究加上学习小组的合作学习活动来完成。在此过程中学生的主动性、积极性、创造性都能普遍地得到比较充分的发挥，因而这种教学模式不仅可以较深入地达到对知识技能的理解与掌握，更有利于创新思维与创新能力的形成与发展，即有利于创新人才的培养。一般来说，学生的主体地位是通过这些角色得到体现的：第一，自主学习者；第二，探究发现者；第三，团体合作者；第四，积极参与者；第五，自我评价者；第六，观点分享者；第七，知识的生产者和思想的贡献者。

以教师为主导、学生为主体的课堂是能够焕发生命活力的课堂，在这样的课堂中学生积极参与，表现主动专注，学习的目标性强。综上所述，"主导—主体相结合"的教学关系，是探究性教学模式最本质的特征。这种教学模式的成功实施涉及两个方面——既要充分体现学生在学习过程中的主体地位，又要重视发挥教师在教学过程中的主导作用，离开其中的任何一方，探究性学习都只能虎头蛇尾、无功而返、无果而终。

※ 三、探究性教学模式的实施步骤

探究性教学模式通常包含下面五个实施步骤：

（一）创设情境

创设情境不仅是教师导入教学主题的需要，也是激发学生的学习动机和自主探究动机的需要。教师创设情境的方法多种多样，可以设置一个待探究的问题，此问题的解决需运用当前所学的知识，也可以播放一段与当前学习主题密切相关的视频录像、举一个典型的案例、演示专门制作的课件、设计一场活泼有趣的角色扮演。当然，所有这些活动都应有一个先决条件——必须与当前的学习主题密切相关，否则达不到创设情境的目的。教师通过上述各种方法创设能激发学生学习动机和探究动机的情境，学生一旦进入教师创设的情境，就可在情境的感染与作用下形成学习的心理准备，并产生探究的兴趣。

（二）启发思考

在学生被创设的情境激发起学习兴趣并形成学习的心理准备之后，教师应及时提出富有启发性而且能涵盖当前教学知识点的若干问题，但切忌提出一些有明显答案或明知故问的问题。让学生带着这些问题去学习和掌握有关的知识和技能时，这一过程也就是主动高效地完成当前学习任务的过程。在问题思考阶段，教师对于学生应当如何解决问题、利用何种认知工具或学习资源来解决问题，以及如何处理在探究过程中遇到的新问题等，都应给出具体的建议和指导。学生则要认真分析教师所提出的问题，明确自己所需完成的学习任务，并通过全面思考形成初步的探究方案。

（三）自主学习与自主探究

在实施这一步骤的过程中，学生利用教师提供的认知工具和学习资源，或是利用在教师指导下从网上或其他途径获取的工具和资源，围绕教师提出的与某个知识点有关的问题进行自主探究。这类自主探究活动包括：学生利用相关的认知工具去收集与当前所学知识点有关的各种信息；学生主动地对所获得的信息进行分析、加工与评价；学生在分析、加工与评价的基础上形成对之前所学知识的认识与理解，即由学生完成对当前所学知识意义的自主建构。在学生进行自主探究的过程中，教师应密切关注学生的学习与探究过程，并要适时地为学生提供如何有效地获取和利用认知工具、学习资源及有关学习方法策略等方面的指导。

（四）协作交流

为了进一步深化学生对当前所学知识意义的建构，应在自主探究的基础上，组织学生以讨论的形式开展小组或班级内的协作与交流。通过共享学习资源与学习成果，在协作与交流过程中进一步深化学生对当前所学知识的认识与理解。教师在此过程中应为学生提供协作交流的工具，同时要对如何开展集体讨论、如何面对小组成员的分歧等协作学习策略做适时的指导，而且教师在必要时应参与学生的讨论和交流，不能只做场外指导。协作交流的过程不仅是学生深入完成知识与情感内化的过程，也是学生了解和掌握多种学习方法的过程。

（五）总结提高

总结提高是实施探究性教学模式的最后一个步骤，其目的是通过师生的共同总结，来补充和完善全班学生经过自主探究和协作交流之后对当前所学知识的认识与理解方面仍然存在的不足，以便更全面、更深刻地达到与当前所学知识点有关的教学目标的要求。在实施这一步骤的过程中，学生的活动包括讨论、反思、自我评价、相互评价；教师的活动包括点评学生的学习情况、提出与迁移拓展有关的问题并创设相关情境、对当前所学知识内容进行概括总结，以帮助学生了解当前所学知识点与其他相关知识点之间的内在联系。

第三节　信息技术与大学英语课程的课外整合模式

※ 一、建构主义理念下"研究性学习"教学模式的内涵与特征

建构主义提倡在教师指导下的以学习者为中心的自主学习。此种学习既强调学习者的认知主体作用，又不忽视教师的指导作用。教师是意义建构的帮助者和促进者，而不是知识的传授者与灌输者；学生不再是外部刺激的被动接收者或被灌输的对象，而是对信息实施加工处理的主体，是意义建构者。建构主义提倡在教与学的过程中用系统分析、共时方法和深层阐释去分析和解决问题，旨在用"全新科学模式"取代传统的教与学的方法，注重用辩证的方法进行教与学。

（一）"研究性学习"的定义

研究性学习是学生在教师指导下，从自然、社会或生活中选择、确定专题进行研究。在研究过程中学生主动实施获取知识、应用知识、解决问题的学习活动。研究性学习以问题为载体，以小组合作为形式，在活动过程中创设一种类似于科学研究的情境，让学生通过自己收集、分析和处理信息，感受和体验知识产生和形成的过程，培养学生发现问题、分析问题、解决问题的能力和创造力。作为一种学习模式，研究性学习不同于接受式学习，它具有自主性、交互性、实践性、开放性等特征。设置研究性学习的目的在于改变学生以单纯地接受教师传授知识为主的学习方式，为学生构建开放的学习环境，提供更多的获取知识的途径，鼓励学生将学到的知识进行整合、消化、吸收，最终应用于客观实践。在此过程中，教师还要注重培养学生的创新精神和实施能力。

（二）"研究性学习"的特征

研究性学习是20世纪80年代末期在我国教育界广泛推崇和实施的一种全新的学习策略和学习模式。研究性教学是在建构主义教学思想指导下进行的一种教学和学习方法，要求在教学过程中，教师用科学的方法指导学生以研究的方法进行学习，并在教师指导下，充分发挥潜能去掌握知识，运用知识解决实际问题。同时，研究性教学模式要求教师具有创新思维和科学施教的本领，引导学生主动去发现问题、分析问题、解决问题，培养学生创造性学习的能力。目前，研究性学习以其实用性而广受关注。但是，研究性学习作为一种全新的学习理念仍处于探索阶段，对其理论指导意义及实践性还有待做进一步的系统研究。归纳起来，研究性学习有以下特征：

1. 强调学习的自主性

研究性学习强调学生的自主学习，通过自主学习来激励自己。学生可以根据自己的兴

趣、爱好、个性、特长自主选择研究课题，自主进行课题研究，自主完成研究成果，自主交流与分享。在整个学习过程中，学生始终享有高度的自主性，学生是课题的提出者、设计者和实施者，而教师仅作为合作者、参与者、指导者和促进者存在。

2. 强调学习的交互性

研究性学习具有互动性，这种互动性是由研究课题和研究方式交互作用生成的，不同的研究课题和研究方式会生成不同的研究内容。交互性体现为师生之间、生生之间的互动，教师和学生在互动中共同完成学习任务和学习内容的建构。

3. 强调学习的开放性

研究性学习把学生置于动态、开放、主动、多元的学习环境中，打破了封闭式的学习状态，鼓励学生走出课堂，步入社会。这种开放式的学习，体现为活动过程、目标内容、问题解决、学习环境的开放性、多元性和动态性，为学生提供了更多的获取知识的方式和渠道。

4. 注重学习的实践性

研究性学习以学生的直接经验为基础，以丰富学生的直接经验为归宿，让学生自己动手实践，在实践中学习，在学习中实践。在活动过程中，学生通过查阅资料、社会调查、亲手实验、走访、实地考察等多种途径，获得各种有价值的信息，收获直接经验和亲身体验。

5. 注重过程及学生的体验

研究性学习注重研究的过程，而不是研究的结果；注重学生的意识、精神、创造性的培养，而不注重现成的结论。以活动的过程作为个体存在与发展的基本形式，强调学习活动化、活动过程化、过程体验化。学生个体的发展不是被动式的接受，而是主动地摄取，积极自主地完成建构过程。

6. 强调师生间的平等

研究性学习要求教师为学生创设轻松、融洽和愉悦的学习环境，使学生在学习过程中处于一个发现世界、探索世界的宽松环境，让他们主动思考，勇于问，敢于想，善于做。师生关系平等有助于双方感悟彼此的思维方式及看待问题的角度，增进了解，互相促进，共同提高，共同进步。

7. 促进创造性与潜在性的统一

研究性学习与传统学习的最大区别就是培养学生的创造性和创新意识。研究性学习是一个能动的创造性的学习活动，能够极大地激发教师和学生的创造热情，调动他们的积极性和主动性。教师注重的不再是知识的简单复制、粘贴以及对学生机械的灌输。学生注重的也不再是死记硬背教师传授的"金科玉律"，或是从书本中寻找现成的"标准答案"，而是经过思考、探究，综合运用相关理论知识，并把理论知识与实践有机结合，充分发挥自己的想象力、创造力，寻求带有"主观能动性"的解答。研究性学习是具有主观能动性和创造性的学习，它能够帮助学生形成发散性思维，激发教师和学生的创造热情及学习的积极性和主动性。

※ 二、"研究性学习"教学模式的实施步骤

建构主义认为，学习是获取知识的过程，是学习者在一定的情境即社会文化背景下，借助他人（包括教师和学习伙伴）的帮助，利用必要的学习资料，通过意义建构的方式获得的知识，而不是通过教师传授得到的知识。建构主义教学实质上是一个研究和再发现的过程。通过不断地研究和再发现达到学习目的。要达到学习的目的，就要有科学的学习方法。

建构主义理论强调以学生为中心，要求学生由外部刺激的被动接受者和知识的灌输对象转变为信息加工的主体、知识意义的主动建构者，而且要求教师由知识的传授者和灌输者转变为学生主动建构意义的帮助者和促进者。这意味着教师应当在教学过程中采用全新的教学模式，摈弃传统的、以教师为中心的教学方法，采用全新的教学方法，运用全新的教学设计理念，创设适应建构主义理论需求的学习环境、教学模式、教学方法和教学设计。建构主义理念下的研究性学习教学模式通常包含以下五个实施步骤：

1. 提出问题

在此环节中，教师通过创设问题情境激发学生学习与研究的兴趣，并由此引出当前研究性学习的主题——自然界或社会生活中有待解决的某个真实问题。

2. 分析问题

在此环节中，教师应该首先向学生介绍分析问题的方法，例如由表及里、由浅入深、由近及远、透过现象看本质、客观事例归纳、换位思考、用两点论而非一点论看问题等诸多方法。然后根据问题的性质和研究的需要教给学生相关的研究方法，如问卷调查法、文献调研法、案例收集法等，并对研究性学习的策略给出具体建议与指导。由于研究性学习的对象是自然界或社会生活中的真实问题，一般都比较复杂，因此，在此环节中，学生在"同化"与"顺应"过程中，教师应随时给予学生引导和帮助。

3. 解决问题

这一步骤通常包括两个子环节。第一个环节——提出解决问题的初步方案和优化解决问题的方案。在这个环节中，研究性学习的研究主体可以是学习者个人进行自由探索和自主学习，即"自我协商"，也可以是学习小组集体进行探索和研究，即"相互协商"。通常情况下，提出解决问题的初步方案的这个子环节由学习者个人在深入分析问题的基础上自主完成。第二个环节——优化解决问题的方案，通常是学习小组成员"会话"与"协作"的成果。

4. 实施解决问题方案

为了节约学习成本，避免不必要的浪费，在实施解决问题方案的过程中，注意做好形

成性评价，及时收集反馈信息，经常进行反思。根据真实问题的实施情况，随时调整或修正解决问题的方案。

5. 总结提高

研究性学习的总结包括个人总结、小组总结和教师总结。小组总结应以个人总结为基础，教师总结应以个人和小组总结为基础。教师的总结需要帮助学习者把对客观事物的认识由感性上升到理性，丰富与完善他们对科学概念与原理的认识，培养学习者全面、系统、完整地认识和理解问题，使每位学习者都能做到知其然，更知其所以然。

研究性学习是对建构主义教学方法中抛锚法的发展与完善，是建构主义理论广泛应用的产物。开展研究性学习，需要建构主义理论的指导，反之，研究性学习实践又会进一步完善建构主义理论体系，并为建构主义理论广泛应用提供实践经验。

※ 三、对"研究性学习"教学模式下英语教学的反思

研究性学习的教学过程，使教师和学生都获益匪浅。以内容为依托的研究性学习一改传统教学模式的教师主体地位，而是激发学生的"主体"意识，学生从始至终积极参与学习。由于研究性学习注重学习过程，学习中学生持续进行"联系"与"思考"活动，把"新""旧"知识进行"同化"和"顺应"，使学生的创新思想和思辨能力得到强化，形成多视角、多元化、自主性的思考习惯。开展研究性学习需要学生之间相互分工与协作，通过课内外的协作性学习，学生的团队合作意识得到加强，人际沟通能力得到提升。这些能力的养成对于学生毕业之后尽快融入社会环境，建立良好人际关系，顺利开展工作是十分有益的。以下是针对研究性学习教学模式的实践所进行的反思，拟从几个不同的方面分析和探讨这一教学模式实践过程中需要注意的问题和环节：

（一）教学观念的转变和教师角色的定位

研究性学习教学模式与传统的以教师为中心的教学模式有很大的不同，它强调以学生为中心，提倡学生在教师指导下的自主学习。要改变学生的学习方式，首先要求教师的教育观念和教学行为必须加以转变，这是开展研究性学习的前提。为此，教师需要重新调整自己的角色，与学生建立平等的关系，为学生创设宽松、自由、民主、协作的学习环境，这是取得良好学习效果的保证。教师首先要把学生置于学习的主体地位，树立服务学生的意识，创设能够引导学生主动参与的学习环境，激发学生的学习积极性。教师备课过程中也应该时时想着学生，从学生的水平、视角出发设计问题，引导学生开展学习研究。研究性学习对教师备课质量、内容要求更高，教师备课的重点是"备学生"而不是"备书本"。

研究性学习作为一种全新的教学和学习方法，其理论指导和实践内容是全新的，教师和教学管理者都应该得到系统培训，让教师和教学管理者在教学理论、教学内容、教学方法及教学管理等方面得到全方位的提升。从理论高度和客观情况出发，让教师和管理人员

充分认识到了解、掌握、推广研究性学习的重要性和必要性。教育教师自觉主动地转变角色，从教学活动的主导者和包办者转换成教学活动的引导者和帮助者，从主角转向配角，从"前台"走向"后台"，为学习者服务，给学习者搭建自由发挥、自我控制、自我协调、自主学习的平台，为"千里马"提供自由驰骋的"辽阔草原"。

（二）学生的中心地位和自主学习

为了确保研究性学习的顺利进行，教学中做到以学生为中心，并不断提高学生自主学习的能力，教师必须对学生有全面细致的了解，这样才能在学习过程中从各个层面为学生提供细致入微的引导和帮助，对学生的研究性学习给予充分的支持。

（三）教学机制和学习资源的配套建设

研究性学习教学模式的推广和完善是一个系统工程，这一教学模式的确立不但需要任课教师的参与和投入，同时也需要学校其他管理部门的支持和配合。从课程体系的角度来看，开展研究性学习要以研究性课程体系的确立为前提，因为研究性课程是研究性学习方式的载体。确立课程体系首先要明确研究性学习的首要目标是培养学生的创新意识和自主学习能力，强调知识学习的综合性、过程性、创新性和应用性。从教学评价的角度来看，研究性学习需要建立配套的形成性和过程性评价体系，注重对学习者实际能力和综合素质的考查。

从研究性课程的内容来看，课程提供的知识应具有交叉性、前瞻性和多元性等特点，这就要求教师具备丰富多元的知识结构，通常在精通一门专业的基础上还要再精通一门外语。而教学模式的多元性、开放性，则要求教师在内容选择、时空安排、资源配备、研究方法等方面为学生提供更高的灵活度。可见，建构主义理念下的研究性教学对教师的素质和教学基本功提出了更高的要求。为了提高教师的综合素质与教学能力，要鼓励教师开展研究性学习的教学实践，聘请专家学者对教师定期进行培训，挖掘多种渠道让教师走出校门，接触社会，接触生活，开阔眼界，掌握学科发展变化的前沿性信息，拓展研究性学习资源渠道。

建构主义理念下的研究性教学模式非常重视学习环境的创设和学习资源的开发，提倡信息技术与课程的整合。为此，教师要掌握相应的专业知识和现代信息技术，为学习者提供研究性学习所需要的情境资源、信息资源、研究手段。在研究性学习的教学过程中，教师要有信息安全意识，注意引导学习者区分信息的优劣，取其精华，去其糟粕，抵制网络和媒体中可能对学生造成不良影响的某些内容。信息化的教学需要现代科技的支持，而校园网络、多媒体和计算机系统等硬件学习条件的创造，需要学校教学管理部门的配合与支持。此外，教学管理者应该从教学目标、教学模式和评价体系等方面推进教学改革，制定相应的考核、奖励机制，鼓励教师进修学习，更新专业与相关技术知识。教学管理者应该具有可持续发展的眼光，和在职教师协商制订周全详尽、切实可行的进修学习计划，尤其要积极倡导和鼓励教师开展跨学科学习，提高教师的教学科研水平与综合素养，以适应研究性学习过程中不断出现的新需求，使教师能够在教学中为每一位学习者提供科学正确的引导和帮助。

总的说来，面向非英语专业学生开设专业英语课程，是高等教育改革的一项重要内容和发展趋势，顺应了经济全球化和高等教育国际化的要求。它既是大学专业课程国际化的一种形式，也可以被看作对大学英语教学模式的革新与发展。目前，英语作为国际通用语的作用日益显现出来，开设专业英语课程的目的就是将专业内容的学习和外语学习有效结合起来。通过原版教材和专业领域相关的英文资料，为学生提供接触专业英语的平台，使学生了解专业前沿学科的发展状态，同时也增强英语的实际运用能力。以专业内容为依托、以英语为媒介语的学习方式，能够有效帮助学生掌握搜集和利用第一手研究资料的方法，开阔学术视野，培养创新思维，提高思辨能力，发展自主学习能力，最终使他们成长为社会需要的复合型、创新型、高素质的国际化人才。

第四节　信息技术推动下自主学习与大学英语课程的整合

※ 一、整合的必要性

多数学校的网络平台设置在图书馆或者专门建立的自主学习中心，只有少数高校的自主学习平台可以在校园局域网内的任何一个终端登录使用。大多学校的教学平台处于"孤岛"状态，平台提供的教学资源和学习资源只能在图书馆、自主学习中心和部分网络教室里使用，包括寝室和多数教室在内的其他地点无法使用。现代信息技术没有成为有效整合教学资源和学习资源的手段，这些资源仍然处于分散、孤立的状态，既不能共享也不能便捷使用，没有为实现学习地点和学习时间的个性化创造条件。

只有在自主学习中心和可以利用网络学习平台的多媒体教室，部分学校才安排计算机技术人员和英语教师进行咨询和辅导，走出这些空间，生生互动、师生互动、合作学习都无法实现。现代信息技术没有真正成为创设良好语言学习环境的手段，学习主体处于孤立、失语的状态，人力资源和智力资源没有充分得到有效利用。

大部分学校的语言自主学习中心，只是以自主学习平台为手段为学生学习提供了场所，除了自主学习平台提供的电子学习材料外，没有其他形式的学习资源。而且，不是所有的学校语言自主学习中心都提供智力和技术支持，有些学校的自主学习中心根本没有指导教师。

课堂教学中，计算机的相当一部分功能是从前黑板和幻灯片的替代形式。此外，相当一部分教师上课时只是被动地播放与教材配套的教学软件，没有综合考虑学生的实际情况、教学内容的特点和教学目的等因素，没能形成个性化的课程内容和富有创造性地开展教学活动。通过对全国 503 所不同类型的高校进行的调查表明，这一现象普遍存在。

王守仁等提供了这样一组数据：在 497 个班级中，采用多媒体授课的有 473 个，占比 95.2%；在 427 所学校中，建有大学英语教学专用网络机房的有 227 所，占比 53.2%；在 431 所学校中，建有大学英语教学专用语音室的有 337 所，占比 78.2%。可见，现代信息技术在教学中的使用并没有带来理想的效果和变化，482 所学校中，只有 32.6%（157 所）的学校认为"教师讲授＋学生借助网络教学平台自主学习"的教学模式非常有效；468 所学校中，只有 19.7%（92 所）的学校对"学生完全借助网络教学平台自主学习"的效果给予了"非常有效"的评价。经过多年的大学英语教学改革和课程建设，现代信息技术在教学中虽然已经得到广泛应用，但是效果仍不尽如人意。

为了克服现代信息技术在大学英语教学应用中出现的问题，并充分发挥其作用，促进大学英语教育和教学观念的转变，改进教与学的方法，提高教与学的效率，有效整合和利用教学资源，陈坚林主张把现代信息技术融入大学英语课程体系和整个教学的全过程，不断优化语言学习环境和语言课程的生态环境，实现计算机网络与外语课程的全面整合，提高语言学习效率和学习效果。

※ 二、整合的含义

现代信息技术主要是指计算机和网络技术，现代信息技术与外语课程整合主要是指计算机网络技术与外语课程的整合，其内涵是指在外语教学过程中把信息技术、信息资源、信息方法和课程内容有机地结合起来，共同完成课程教学任务的一种新型、高效的外语教学方式。

目前，能够代表现代信息技术发展较高水平的应该包括虚拟现实技术。虚拟现实技术整合了多种现代信息技术的功能，有着巨大的技术优势，并在近年来取得了迅速发展。虚拟现实技术的独特之处在于能够模拟接近语言交际的真实情境，在缺少相应语言环境的外语学习条件下创设与学习任务和交际任务匹配的语言情境，因此，在语言教学中得到越来越多的应用。我们所指的现代信息技术除了计算机网络技术外，还把虚拟现实技术纳入其中，也就相应拓宽了与外语课程整合相关的现代信息技术的范围。

根据大学英语课程体系、教学模式和教学结构的特点，为满足学生个性化学习和自主学习的需要，笔者认为，在计算机网络技术、虚拟现实技术与外语课程整合的过程中，计算机网络技术和虚拟现实技术主要发挥三个方面的作用：

（1）存储、提供和呈现教学资源和学习资源；

（2）构建基于计算机和课堂的教学模式；

（3）促进语言学习和自主学习能力发展的语言学习支持性环境。

基于这样的判断，笔者结合《大学英语课程教学要求》对构筑"基于计算机和课堂的教学模式"的相关建议，设计了基于课堂教学、虚拟现实技术支持下的合作学习与自主学习有效联动、互为补充的集成式大学英语教学模式。

※ 三、自主学习与现代大学英语教学整合模式探索

（一）自主学习与现代大学英语教学整合模式的理论依据

20世纪50年代以来，教学理论主要以行为主义、认知主义、建构主义和人本主义的形态影响着语言教学。从历史的角度来看，这四种教学理论是一个发展的过程，从共时的视角观察，目前的语言教学实践中还有四种教学理论共存的现象。

纵观教学理论发展史，教学理论的发展绝对不是一种教学理论简单替代、粗暴否定其他教学理论的过程，而是在吸收原有教学理论内核的基础上，为解决特定历史时期存在的实际教育与教学问题，而对原有教学理论的创新和发展，也标示着人类对自身教育理解的不断深化和视界的持续拓宽。新教学理论是在扬弃的基础上对原有教学理论的继承和发展，但是，不能简单断言新教学理论就比原有的教学理论先进，不同的教学理论，在不同的学习阶段、不同的教学环境下能够更有效地解决某一方面的问题，而不是所有的问题。一种教学理论也许适合某个国家、某一时期的情况，但未必适合另一个国家、另一个时期的情况。不同教学理论之间是一种相互补充的关系，而不是相互排斥、相互否定的关系。因此，在具体的教学实践中，不同的教学理论具有相互融合的内在诉求，由这些教学理论衍生出的教学模式就有了融合的可能和必要。

（二）自主学习与现代大学英语教学整合模式的原则与框架

集成式大学英语教学模式是指课堂教学和虚拟现实技术支持下的合作学习与自主学习有效联动、互为补充的一种教学模式。在新的教学模式中，以计算机和网络为核心的现代信息技术不再是游离于教学系统之外的辅助性工具，而是作为促进学生自主学习的认知工具和情感激励工具、丰富的语言教学环境的创设工具，全面应用到大学英语教学的整个过程，并且使各种教学资源、各个教学要素和所有教学环节经过整合后能够产生聚集效应，从而促进传统教学方式和教学理念的根本性改变，满足个性化学习和自主学习的需要，促进大学英语课程总体教学目标的实现。

要把三种学习方式的特点和课程内容、教学目标、教学目的等主要因素综合起来考虑，发挥各自的优势，构建相互补充、相互促进、协调高效的集成型教学模式。

课堂教学应该在"以教师为主导，以学生为主体"的原则指导下，重点解决以下几方面的问题：

（1）解决教学中的重点、难点问题。

（2）解决部分人对《大学英语课程教学要求》倡导的"网络环境下的听说教学模式"的有效性——尤其对提高口语的实际作用表示怀疑，认为课堂口语训练仍然是课堂教学的重要内容。

（3）解决学生在自主学习过程中的共性问题和困难。

（4）检查、评价学生自主学习的效果，并作为教师进行形成性评价的依据，教师可以借此反思自己的教学，同时引导学生对自己的学习进行反思和评价，树立正确良好的学习态度。

（5）结合具体学习材料和学习任务进行学习策略培训。从课程类型的角度而言，现代信息技术支持下的合作学习和自主学习适合进行语言基础知识学习，开展听力、阅读、翻译等输入性技能训练，课堂教学主要从事口语、写作等输出性训练。

从不同教学模式的目的上看，课堂教学着力解决的是绝大多数学生的共性问题，满足的是学生的共同需要；现代信息技术支持下的合作学习和自主学习的主要功能是满足学生个性化学习和自主学习的需要。实际上各种类型的课程都可以通过自主学习的方式进行。

（三）自主学习与现代大学英语教学整合模式的结构和功能

该模式由三种学习方式构成：虚拟学习环境下的自主学习和合作学习，虚拟学习环境下固定群合作学习，虚拟学习环境下扩展群合作学习。这三种方式都以同一个交流反馈平台和监控指导平台作为技术支持，只是在学习群体、教学目的和使用的学习资源方面存在差异。

三种学习方式的功能如下：

（1）虚拟学习环境下的自主学习和合作学习是由固定群的成员借助校本学习资源、以配合课堂教学为目的、以自主学习方式开展的学习活动，可用于完成综合英语类、语言文化类、语言应用类和专业英语类等适合自主学习的项目。这里，固定群包括学生和教师，可以按自然教学班为单位设置，也可以打破自然班根据学习科目进行设置。校本学习资源也可称为直接学习资源，与大学英语课程密切相关，由学校提供和管理，主要包括出版社提供的与教材配套的数字资源、教学平台提供商提供的教学平台和教师配合课程制作的教学课件和其他学习材料。

（2）虚拟学习环境下固定群合作学习是指固定群以集体为单位、借助校本学习资源从事的合作学习活动，主要目的是为个体在课堂学习和自主学习中遇到的困难和问题提供帮助和支持，是与课堂教学和自主学习实现互动的一种形式，是课堂教学和自主学习的辅助系统。固定群也可以通过合作学习的方式完成教师出于特定目的下达的学习任务，比如以问题为依托的学习任务、以项目为依托的学习任务等。这些任务可能是为了提升交际语境的真实性，也可能是为了增加交互机会。总之，教师可以根据不同的教学目的设计不同的学习项目，让学生通过固定群的合作学习来完成；还可以利用交流反馈平台提供的多方语音对话或视频会议功能，以合作学习的形式，实现某些通过其他方式难以实现的教学目的。因此，也可以把固定群进行的合作学习看作课堂教学和自主学习的延伸系统。

（3）虚拟学习环境下扩展群合作学习是指扩展群（包括固定群在内的任何愿意通过互联网参与合作学习的个人或组织）借助互联网，充分利用校外学习资源进行的合作学习活动。这里所说的校外学习资源是指互联网提供的学习资源，主要包括两种形式：一种是以学科、知识点和主题为标准建设的专题学习网站；另一种是以学习社区形式出现的虚拟学习环境。为了方便固定群成员使用校外学习资源，可以在校内资源平台上为学生提供相应的链接。扩展群除了具有固定群合作学习的辅助和延伸功能外，更重要的是学习者可以利用平台提供的交互功能进行语言交际技能训练，特别是听说能力的训练，解决了课堂教学和自主学习过程中真实语言交际环境缺位的问题。

三种学习方式的功能既相对独立又相互补充，通过技术整合构成了虚拟学习环境下大学英语辅助教学模式的基本框架，这个模式的有效运行还需要依靠学习资源平台、交流反馈系统和监控指导系统来实现。

这三个系统的基本功能如下：

学习资源平台直接提供校本学习资源，间接提供校外学习资源，它是整个教学模式的资源支持系统。

交流反馈系统提供同步交互和异步交互功能。三种不同方式的学习多数是借助同步交互功能实现的，有些学习活动也需要借助异步交互功能来完成，比如，固定群成员可以把学习中遇见的疑难问题、自己的观点、学习体会、学习经验等信息发表在系统提供的论坛上，其他成员可以就此回帖，做出相应的反馈。交流反馈系统是学习者在学习过程中进行交互的媒介，是整个教学模式的关键性技术支持系统。

监控指导系统是各种学习活动的保障系统，在三方面发挥作用：（1）提供各平台的使用方法和学习者基本的策略指导与训练；（2）为教师提供监控和管理工具，对整个学习过程进行必要的引导和干预；（3）提供学习绩效管理工具，为教师形成性评估提供依据，也可对学生学习绩效做出评价和反馈，提出指导和建议。

虚拟学习环境下集成自主学习与合作学习的大学英语教学模式是一个自足系统，因为参与群体和学习资源具有很强的扩展性，所以这个模式也是一个具有很强兼容性的开放系统。

（四）自主学习与现代大学英语教学整合模式的特征和意义

由于对计算机网络与课程进行了整合，新教学模式依存的虚拟学习环境具有以下特点：

（1）学习资源存储数字化。数字化的存贮技术和存储方式可提供数量巨大、内容丰富、形式多样的学习资源供学习者选择。

（2）学习内容呈现方式多样化。比如数字技术支撑的听觉媒介（CD、MP3）；以E-learning为主要特征的视听媒介（MP4、平板电脑、智能手机、笔记本电脑）；无线网络技术支撑、以M-learning为主要特征的视听媒介；以虚拟现实技术为基础的更高层次的虚拟学习环境，如Second Life。

（3）学习交互对象国际化。互联网真正把整个世界变成了地球村，语言学习者可以和世界各地的人们进行交流。

（4）学习空间泛在化。学习不再受空间限制，只要有互联网（特别是无线网络）的地方就可能有合作学习和自主学习事件发生。

（5）学习时间异步化。现代信息技术日渐成熟，逐渐成为人—机对话、人与人对话的媒介，使同步交互和异步交互成为现实。

（6）学习方式个性化。

上述所有特征都提供了个性化学习的必要条件，最大限度地满足了自主学习的需要。

由于这些基本特征的存在，新教学模式主要会在以下几方面给大学英语教学带来影响：

（1）实现了学习时间同步化和异步化，学习空间泛在化，提供了包括生生交互、师生交互、师师交互、人—机交互在内的多种交互形式，提供了更多协作、会话和意义建构的机会。

（2）互联网扩大了语言交际对象存在的空间范围，特别是具备了交互对象国际化特征，为语言学习者提供了具有不同文化背景的交流对象，学生有机会在较为真实的语境中与以英语为母语（或二语）的人群进行交流，提高了有效输入和输出的数量和质量。而且，与异质文化接触有助于培养跨文化交际的意识和能力，可促进学习动机从工具型动机转变为融入型动机，提高语言学习绩效。

（3）学习内容呈现方式多样化，尤其是以虚拟现实技术为基础的虚拟学习环境的出现，为语言学习提供了接近于真实的虚拟学习环境，符合语言学习社会化属性的要求，优化了语言学习的情境，对英语学习环境的意义更为卓著。

（4）这个教学模式为改革大学英语课程内容、解决通识教育和ESP教育二元对立的矛盾提供了一个新视角。就如何改革大学英语课程内容的问题，学术界存在一定的分歧：吴鼎民、王哲等认为，通识教育是大学英语课程内容改革的基本方向；蔡基刚等认为ESP是大学英语发展的必然归宿。其实，对大学英语课程内容不应该做统一硬性规定，应该由各高校根据办学特色和培养目标的需要自行选择。学校也应该赋予学生根据自己学习需要选择学习内容的权利，最佳办法就是利用学习资源平台同时提供通识教育课程和ESP课程内容，学生自主选择、自主学习，学校和教师提供必要的辅导和支持，使新教学模式兼有学习方式个性化和学习内容个性化的双重特点。ESP课程资源应该以校本资源建设为原则，以更好地服务于本校的培养目标；依托于大学英语教学的通识教育资源应该把各级各类精品课程建设作为主要解决方案，整合社会各界力量，实现资源共享。

第八章 革新与发展：新技术引领下的大学英语教学模式创新

目前，新一代信息技术的快速发展促进了移动网络技术的推广和智能软件的开发，人们的学习习惯和行为方式正悄然发生变化，利用碎片化时间通过移动网络手段接收各种信息成为一种常态。在这种情况下，如果能有效利用这种移动信息技术拓展大学英语课堂教学，就将促进学生随时随地进行移动学习，移动信息技术拓展大学英语课堂教学就能成为大学英语课堂教学的有效补充。

第一节 慕课与大学英语教学

※ 一、慕课的内涵

MOOC（慕课）是英文"Massive Open Online Courses"的首字母缩写，直译为大规模开放在线课程。从慕课的概念分析，其含义如下：

"大规模"是指参与学习的学习者数量众多。课程的注册学习者规模达到数千乃至数万，包括各行各业、各个年龄阶段的人员。如此大规模的教育活动，在此之前是从来没有过的。不仅如此，慕课的"大规模"不仅仅是指学习者的数量庞大，而且指更多的教师参与教学之中。

"开放"是指学习是一种开放的教育形式，没有限制。慕课是多年来世界"开放教育资源"（Open Educational Resource，OER）运动的延续，是开放教育潮流的重要组成部分。有了慕课，只要能上网，只要有时间，只要有学习意愿，任何人都可以进行在线学习。

"在线"是指学习资源和信息通过网络共享，在网络环境下发生学习活动。

课程指为了实现学校的培养目标而规定的所有科目（教学科目）的总和，或指学生在教师指导下各种活动的总和。

慕课只有短暂的历史，但是有一个不短的孕育发展历程，它是长期积淀的结果。准确地说，它可追溯到 20 世纪 60 年代。1962 年，美国发明家和知识创新者道格拉斯·恩格尔巴特（Douglas C.Engelbart）提出一项研究计划，号召人们将计算机技术作为一种改革"破碎的教育系统"的手段应用于学习过程之中。之后，类似的努力一直在进行。

2007 年是慕课孕育最重要的一年。这一年秋天，美国学者戴维·维利（David Wiley）基于 Wiki 技术开发了一门开放课程——"开放教育导论"（Introduction to Open Education）。这门 3 个学分的研究生层次的开放在线课程的突出特点在于来自世界各地的参与者（学习者）为这门课程贡献了大量的材料和内容。换句话说，也就是学习者不只是来学习这门课程的，而是所有人一起在学习的过程中建设这门课程，并在建设的过程中学习这门课程。这样的设计是非常有意思的，也是很科学的。一方面，这门课程的性质决定了教师和学习者必须持开放的态度，并拿出实际的行动；另一方面，戴维·维利所选用的 Wiki 技术平台为这样的共建共享奠定了良好的基础。

同样在 2007 年，加拿大里贾纳大学（University of Regina）教育学院的亚历克·克洛斯（Alec Coures）教授开设了一门研究生层次的课程"社会性媒介与开放教育"（Social Media & Open Education）。它始终是开放的，既面向以获得学分为目的的学习者，也面向其他任何人。这门开放的在线课程的突出特征就在于来自世界各地的特邀专家都参与了课程的教学活动。

2008 年，加拿大爱德华王子岛大学的网络传播与创新主任大卫·柯米尔（Dave Cormier）与国家人文教学技术应用研究院高级研究员布莱恩·亚历山大（Bryan Alexander）联合提出慕课概念。同年 9 月，加拿大学者乔治·西蒙斯（George Siemens）和斯蒂芬·唐斯（Stephen Downes）开设了第一门慕课——"连通主义与关联知识"（Connectivism and Connective Knowledge Online Course，CCKOC），有 25 名来自曼尼托巴大学的学生（付费）以及 2300 多名来自世界各地的学生（免费）在线参与了这门课程的学习。这门课程兼容并蓄，既借鉴了维利的开放内容和学习者参与的思想，又吸纳了克洛斯的开放教学和集体智慧的举措。不仅如此，这门课程还支持大规模学习者参与，采纳了连通主义的学习理论和教学法。

在 CCKOC 课程中，所有的课程内容都可以通过 RSS Feed（新闻聚合）订阅，学习者可以用他们自己选择的工具来参与学习：用 Moodle（一个开源课程管理系统）参加在线论坛讨论，发表博客文章，在第二人生（Second Life）中学习，以及参加同步在线会议。从那时开始，一大批教育工作者，包括来自玛丽华盛顿大学的吉姆·格鲁姆（Jim Groom）教授以及纽约城市大学约克学院的迈克尔·布兰森·史密斯（Michael Branson Smith）教授，都采用了这种课程结构，并且成功地在各国大学主办了他们自己的慕课。这种慕课类型基于连通主义学习理论，也称为 MOOC，并随后逐步得到推广，如 edumooc、MobiMOOC 等。

重要的突破发生在 2011 年秋天，美国斯坦福大学教授塞巴斯蒂安·史朗（Sebastian Thrun）与彼得·诺维格（Peter Norvig）把为研究生开设的"人工智能导论"课程放在了互联网上，吸引了来自 190 多个不同国家的 16 万余名学生，并有两三万人完成了课程学习，从而开启了慕课的新篇章。

※ 二、慕课的特征

（一）慕课在网络环境中体现的特征

国家开放大学的授课教师韩艳辉认为："如果从两个维度上看慕课，那么可能一个维度就是聚焦于规模，另一个维度是聚焦于社区和联系。"这两个维度，前者体现了慕课的大规模特征，后者则侧重于说明慕课的开放性以及由开放而形成的社区联系特征。

1. 大规模性

首先，慕课的大规模特征首先体现在课程的参加人数上。从具体某一门课程的参加人数来看，最初 MITx（edX 前身）开设的"电路与电子学"从 2012 年 5 月到 8 月的 14 周里，共有 155 万名学习者注册加入，且最终有超过 7000 名学习者完成课程，获得了课程结业证书；同时很火热的还有斯坦福大学的"人工智能"课，16 万名来自全球 190 多个国家和地区的在线注册人数不可谓不庞大，最终完成学习的人数是 2 万~3 万人。较之传统课堂的只有几十人的学习人数和结业人数，更显示出慕课规模之大，受众之广。除了那些已经造成轰动的已完结课程，现在很多慕课平台的新加入课程的参与人数也动辄成千上万，这是传统课程所无法比拟的。

慕课各个平台的合作伙伴中各研究机构以及世界级名校的数量，也足以担当"大规模"的名号。到 2018 年 1 月，Coursera 已经有 185 个来自世界各地的高校和机构合作伙伴，edX 的合作机构与高校也已经超过 60 家。清华大学、北京大学、香港大学以及日本京都大学等亚洲高校都在名单之中。而且，随着慕课的不断完善，越来越多的学校加入慕课平台已是大势所趋。

值得一提的还有慕课背后的教师团队以及大量人力和资金的投入。因为慕课不再是三尺讲台上一位教师面对几十个学生的传统模式，它面对的是数以万计的网络自主学习者，它的课程设计与制作，以及课程投放之后的管理与维护等都不是一位教师所能驾驭得了的。因此，一门慕课从开始准备到结课评估，都需要一个完整的教学团队的分工协作、共同努力。以 MITx 的"电子与电路学"课程为例，它的团队一共包括 21 人，其中，负责讲座、作业、实验室和辅导的有 4 位指导教授，同时还有助教、开发人员、实验室助理等协助人员 17 人。制作一门线上使用的慕课课程，较之传统授课，教师团队需要投入更久的准备时间。他们要选择教学素材，设计教学与活动，进行视频拍摄等。在课程中，也要不间断地监控学生学习进程，及时给予反馈和答疑。除了人力投入外，各个在线平台的资金投入也是"大规模"的。

2. 开放性

慕课的开放性很好地诠释了"有教无类"的思想。这种开放性其实也体现了慕课自出现时便一直强调的教育公平原则。慕课的开放性，可以说贯穿了慕课学习的全过程。慕课自开始的理念便与教育开放、教育公平相关，它从学员免费注册到选择课程资源和学习讨论，以及之后的一系列线上线下的相关活动，都对所有注册者完全开放。

有人说教育的公平首先体现在学习机会的均等，而教育的开放，首先要做到的就是学习机会的开放。在慕课中，学习者无论在什么时间段、什么地区，具有什么样的文化背景，只要处在互联网的环境中，都可以随时注册进入慕课平台，选择自己喜欢或者需要的课程开始学习。这种对学习者的全面开放，是慕课最基本的特征。

从现有的慕课平台数据上来看，注册的学习者来自世界的190多个国家和地区，地域分布相当广泛，虽然几个最大的慕课联盟来自美国，美国的慕课生源却只占总生源数的三分之一。因为一些原因，没有办法从人种学角度统计学习者的民族成分，我们却可以从学习者的注册信息以及话题讨论中了解到他们的性别、年龄、学历和生活经历。从现有数据上来看，学习者的性别比例差距不大，不过男性学习者相对更多一些：20~30岁具有大学学历或者正在进行大学本科或研究生学习的学习者占大多数，但是也有很多初中、高中就加入慕课学习且取得成绩认证证书的学习者，以及参加工作以后补课充电的各行各业人员。这种多样性还体现在学习者加入慕课的意愿与动机上：有的学习者需要通过相关课程提升自己的专业水平，有的学习者是为了兴趣而学，也有一些学习者只是为了满足自己的好奇心，还有的学习者则是像游戏通关积攒勋章一样，是为证书而学……正是慕课的开放性，吸引了处于不同年龄和社会层级、带有不同学习背景的学习者加入；也因为参加者的不同身份背景，慕课的许多学习讨论不局限于课程本身，进而成为一种文化的碰撞与交流。

慕课的进入同样是开放的，准入门槛几乎没有。除了一部分需深入解读的课程需要一定的专业理论知识做铺垫外，大多数课程初学者一进入便可以开始学习。同样地，它的教与学过程以及在这一过程中使用的资源和工具也具有极大的开放性。慕课的每一节课都会限定一个大致的时间范围，即一门课的开课时间是固定的几周，每一周课程组织者上传一节课的内容和作业，学习者可以在这一周内自主安排时间，随时进行学习。这种时间上的开放极大地方便了学习者对自己的学习时间的规划，而且，学习者的学习环境由学习者自己选择。这里的学习环境既指线上讨论小组或者交流平台的选择，又指现实中学习环境的选择。不同的学习者对同一材料的理解、关注点和疑问都会不同，讨论组的设立给学习者提供了交流答疑的平台。在平台中，所有参与者身份平等，他们提出问题和见解，互相交流讨论，即使是课程发起者也不会给定唯一答案或者固定答案，开放式的交流不会只限定在一个领域、一个角度。学习者可以通过讨论自主构建知识，也可以通过互动分享传播知识，使得知识更加延展、开放。同时，在每个慕课讨论区或者讨论组，都有已经完结课程的相关资源和学习者分享的学习笔记，新加入的学习者或者错过该课程的学员可以二次使用这些资源进行补充学习，有效提高网络课程资源的利用率。

（二）慕课作为"线上课堂"的特征

慕课是线上教育发展最新变化的主要成果之一。随着网络科技的发展和各种社交媒体的广泛应用，线上教育从最初的单纯提供相关课程材料、分享精品课程发展到利用网络平台开展的、被看作网络中的课堂的慕课，可以明显看出，研发者越来越重视给予学习者完整的教与学的体验。这也使得学习者在网络学习中除了获得优质的学习资源以外，还能得到专业教师以及更多的学习者的交流与反馈，并最终得到课业评价和认证。

一门慕课课程从开始到结束，并没有完全脱离已有的课程结构和教学过程的模式，几乎和线下传统课堂中的一门课程从开始到结束的进程一致。所以，慕课与传统的线下课堂有着天然的联系：慕课植根于传统课堂，教师、学习者、教学内容、教学环境等传统课堂具备的必要因素，慕课也一样具备。同时，慕课是传统课堂的补充形式。

慕课与传统课堂最大的不同在于，它运行的环境是互联网，而不仅仅是封闭的教室。这决定了它要面对的参与者更多，规模更大。这些特点决定了慕课与传统课堂差异的存在：从最初的设计理念到对课程的设计制作，再到课堂教学以及学习管理、学习者反馈和学习评价，都体现了慕课与传统课堂教学过程的不同之处。

1. 自我学习为主的课程教学理念

一个完整的课程教学设计一般包括四个基本要素：确定教学所要达到的预期目标（目标）、对相应的知识经验的选择（内容）、有效教学的组织（策略）、获得必要的教学反馈（评价）。它是整个教学活动的系统规划与决策，决定了整个教学过程的框架和走向。传统的线下课堂的课程教学设计一般离不开上面提到的四要素，这也决定了传统课程教学的"三大件"——以学时（40~45分钟）为单位的知识讲授、课后作业以及考试缺一不可，这样的基本结构大多以教师为主导，且已经长期稳定。即使在理论范畴内不断出现新的教学思想、理念的更新换代，实际上教学设计与组织、教学基本结构以及课堂活动等仍然基本不变。这样的课程教学设计大多以掌握知识、达到学习目标为前提，强调学习者在教师的引导下先学后练，最终达到知识的巩固。慕课的课程教学设计在包含了完整四要素的前提下，更强调学习者的自主学习。它同样具有和传统线下课堂类似的"三大件"，即课程的讲座视频、嵌入式课程测试与评估以及师生互动和生生交流的论坛小组。因为慕课面对的是规模庞大的学习者群体，传统线下课堂都不能保证照顾到课堂中每一个学习者的学习进度，慕课更没办法做到讲授教师与学习者的"一对一"交流。但是，慕课并不是为了实现师生的"一对一"交流，而是为有志推广优质教育的学者和专家与有心学习却缺乏想要的教育资源的学习者搭建了一个平台，打开了双方交流的通途，引导学习者按自己的步骤学习。所以，在整个学习过程中，学习者的自我管理和自我监督将起到督促其完成学习任务的最主要作用。因此，除了与线下课堂一样要重视课程教学质量问题外，慕课的课程教学设计还必须考虑到大规模的学习者的不同学习背景问题，要最大限度地满足不同背景的学习者的需求，利用优质的学习资源引导学习者实现自我学习。

同样地，在慕课面对庞大的学习群体的同时，学习者也将会面对可以选择、具有不同专业性质的海量慕课课程。这在无形中造成相同慕课课程的同行竞争，而这种竞争在传统的线下课堂中是不存在的，传统课堂的教师只要按照教学大纲与目标在固定的学生群体中完成每堂课即可。所以，对慕课课程教学设计者来说，利用新鲜有趣的内容吸引学习者的注意力，利用教师魅力和课程内容的硬实力留住学习者，进而形成课程的固定"粉丝"，成为一门课程经受考验、生存下去的关键。

2. 短小精确的课程内容选择与组织

传统线下课程以一定的课程标准和反映系统学科内容的教材为蓝本，并配备相应的教师用书与练习册作为辅助。按照不同的授课形式，可以分为以学习各专业领域理论与发展为主的分科课程和以进行实践活动或者实验等为主的活动课程。一般传统的线下课程都是由国家统一编制实行的，具有权威性和强制性，也有部分地区以自己的区域特性为出发点，制作一些地方课程作为主体课程的补充。但是，不管是学科课程或者活动课程，还是国家课程或者地方课程，它们的制作都以知识的逻辑性、系统性和学习者的成长为内在要求。课程内容的选择都以教材为主，教师没有办法改变教材的内容，需要按照教学大纲和教材的要求完成授课。

相较于传统课堂的教师，慕课的设计者与讲授者对课程的内容拥有更大的选择权，他们可以从自己的专业角度出发，将自己擅长领域的内容进行整合，形成具有专业性甚至具有跨学科性质的课程内容。陈肖庚认为，慕课在课程的内容上强调重组。各学科、各专业领域的专家、教师可以将先行编制的多样化的网络课程和教学资源上传到慕课平台。这些在设计之初未必相互关联的学习资料可以单独作为学习单元，也可以按照一定的逻辑、意义、目的进行重新整合，聚集成为具有不同学习目标的学习单元集，实现课程资源的再利用。即使课程设计者和讲授者并没有运用已有的网络课程资源，而是选择新的课程内容或者讲授者线下课堂中的内容进行慕课的课程教学设计，也与平时的线下课堂的讲授大相径庭。因为慕课的视频大多只有十多分钟，每节课都是由几个短小的课程视频和相关学习资料作为主要的内容向学习者呈现。这种视频组合的方式打乱了传统线下课堂40~45分钟的授课节奏。因此，它的课程内容的呈现方式必定不同于传统的"满堂灌"式的呈现方式。所以，在课程内容的选择上，课程设计者和讲授者必须挑选更具有普适性，也更简单易懂的内容来制作讲座视频。同样地，课程的制作也要考虑到上述方面，要注重各种教学方法和教学媒体的合理使用，使课程内容的编排在能讲授清楚的同时，增加趣味性和实用性，使更广泛的人群能够接受。

一门高质量的慕课从设计到制作完成需要几个月的时间做准备，具体的实施步骤如下：

（1）编写课程材料，选择课程内容，然后将之切分为约2小时长（相当于一周课程的量）的几部分，再将每一部分切分为10分钟左右的小节，方便后续的课程视频录制。

（2）录制讲座视频并编辑（一般一个讲座视频需要录制几遍，经过编辑之后才能使用）。

（3）按照具体的慕课平台要求按时上传课程资源，主要包括讲座视频和附带的学习阅读资料或者PPT课件。

（4）为讲座视频创建嵌入式测验，一般一节视频嵌入1~2个程序性问题。

课程会在开始前一个月左右进入慕课平台供学习者选择，这期间公开的课程介绍和宣传视频可以帮助学习者了解课程的基本状况以及授课教师，同时，教师要在平台编制课程评价的内容并开始进入管理系统，会话小组、论坛等交流区域也随之开放。

3. 民主平等的师生互动与教学管理

传统线下课堂的师生互动大多发生在课堂上，是课堂中教师行为的一种。教师一般利用一定的课堂教学策略引导这种互动。在以讲授为主要活动的课堂中，进行回答、讨论等课堂互动可以更好地促进学生的课堂学习。在教育学中，教师的课堂行为分为主教行为、助教行为和管理行为三种。

（1）主教行为是教师在课堂上主要的行为，主要包括教师在课堂中的语言、文字、图像、动作等的呈现，阅读、活动、练习等指导行为以及与学生间的问答、讨论、对话等交互行为。师生互动在课堂中占有很重要的地位。

（2）助教行为更多的是为了激发和培养学生的学习动机，从而产生良好的教学效果。比如，进行有效的课堂交流，表达教师对学生的期望以及采用一定的技术手段强化课堂教学效果等。助教行为大多发生在以学生为中心的教学情境中。

（3）管理行为一般表现为课堂规则的制定与实施，同时还包括对学生课堂行为的纠正以及对课堂时间的控制。良好的课堂管理是教学顺利进行的条件。

在慕课中，上述的三种教师行为都有所体现，只不过无论教师与学生的互动，还是有效的教学管理，都不像传统线下课堂一样同步进行。慕课一般一周会进行一次课程量的放送，教师在课程开始之前就会把做好的课程计划通知给所有想要加入课程的学习者，并规定每节课作业递交的截止时间。在每一节课开始后到下一节新课上传的规定时间内，学习者需要自己把握时间完成对讲座视频和学习资料的学习，无论学习的时间安排，还是地点的选择，学习者都能做到自主参与、自主选择。

课程讨论区是构成慕课教学过程的重要环节，用于师生之间、生生之间探讨课程内容、课后作业以及与课程相关的延展问题。在完成学习资料的学习后，学习者随时都能加入平台的交流讨论区或者组建好的课程学习小组参与讨论。教师也会在固定的时间里浏览讨论区，对一些共同提出的问题进行答疑解惑。因为参与课程的人数是巨大的，所以慕课讨论更多地以生生互动为主。师生间、生生间的交流大部分依靠课程讨论区，因此，讨论区的管理相当重要。

整个师生、生生交互的过程中，教师不是一个人面对学习者，一般慕课课程的完成都是整个教学团队的成果。一般而言，慕课团队的教师会实时关注讨论区的更新，他们也会根据每一周课程的要点内容，发出相应的讨论帖，召集感兴趣的学习者参与讨论，引导他们进行深入思考，进而巩固讲座视频中学习到的知识。同时，他们还会针对讨论区中学习者发帖提出的问题进行答疑归类，对于学习者提出的问题，如果其他学生能够给予详尽的解答，应予以肯定；对于学生没能详尽解答的问题，教师会定期整合这些问题，并进行专业的回复。

从上面两点可以看出，在慕课的讨论区，学习者可以像在其他交流社区一样自由发言，平等交流，还能灵活运用学到的知识帮助有困惑的学习者解惑答疑。正是这种可以无限扩大的交互作用，使得慕课能够在世界各地的学习者中间传播，它的包容性与开放性在很大程度上促进了知识的传播与扩散。面对如此巨大规模的讨论人群，课程讨论区的管理工作并不轻松，这项工作一般由教师团队主导。他们也会从讨论区的活跃学习者中招聘有能力、有余力的学习者加入管理团队，对讨论区每天的帖子按规定的分类进行删除或整合，以保障讨论环境的健康有序。除了对讨论区的管理外，慕课教师团队的管理任务还有对每个注册的学习者发送开课的邮件提醒、作业截止日期提醒等一系列人性化的监督管理服务。

相较于传统线下课堂面对面的教学管理，慕课的教学管理的主动性主要依靠学习者自我管理、自我监督才能顺利完成，这也在一定程度上造成了目前慕课居高不下的退出率的问题。因此，如何使学习者养成良好的自主学习习惯，也是慕课研究者需要深入研究的问题。

除了各司其职的教师团队以及活跃的学习讨论者，慕课课程的互动和管理还需要凭借一定的学习支持服务工具。当然，其中最重要的学习支持就是每个慕课平台都会设置的课程导航系统、作业笔记展示区以及讨论区论坛。除了这些平台自带的技术支持外，还有很多帮助学习者发现并筛选课程的评价筛选网站。学习支持网站满足了用户查找适合自己的课程的需要，还支持学习者对课程的评价，如等级评价、意见评述等，为更多的后续学习者做出引导，也加强了学习者的沟通与交流。

4. 同伴互评的评价方式及学分问题

学习者的学习评价是完整教学过程中必不可少的一环，一般要在一定的学习目标的给定标准的指导下，通过运用一定的技术手段与方法，对学习者在整个学习过程中的学习行为和结果进行科学的判定。学习者的学习评价是作为学生评价的一部分存在的，学生评价除了对学习者的学业评价外，还包括对学习者的道德情感和综合素质的评价。学习评价可以评断学习者的学习成果和教学的有效性，也对要完成的学习目标具有导向作用。客观来说，通过对学习者学习的评价，教师能够更好地了解学习者的知识掌握程度。

在传统的线下课堂中，学生的学习评价一般根据实施的时间不同而具有不同的作用，并因此分为诊断性评价、形成性评价和终结性评价三种。诊断性评价一般出现在课程开始之前，帮助教师了解不同学生的现有知识掌握程度和优缺点，从而更好地制订教学计划，教师一般会采用摸底测验与查阅过往成绩单相结合的方式进行。形成性评价多发生在课堂上，多以单元为主要模块进行测试，它的主要作用是帮助教师把握学生实时的学习情况，进而提供有效的指导。形成性评价测试也可以使教师发现之前课程教学中存在的问题并及时纠正，一般的测试方式有随堂考试或者单元测试等。终结性评价发生在整个教学计划全部实施完毕之后，是对学习者乃至教师的整个学习过程中学习成果的总体评价。学校每学期的期末考试以及与升学挂钩的中考、高考都可以算作终结性评价测试中的一种。因此，它的概括水平比较高，对测试的准确性、公平性有很高的要求。

慕课学习评价的标准没有传统线下课堂那样严格，这一点尤其体现在终结性评价上。传统课堂的学习评价往往与学生的学分和获得学历相关，具有社会认可度；而慕课的学习评价一般是为了验证学习者是否按标准完成了作业，是否在一门慕课中学到知识而做的。因为慕课课程的设计团队各不相同，它的评价标准也各有不同，这取决于开设课程的教师事先确定的标准。一般授课教师会在开课前以公告的方式告诉学习者获得本课程的结业证书的具体作业要求和评分标准，学习者通过完成规定的课后作业量和测试，合格之后会得到慕课平台颁发的带有自己注册姓名的相应课程的电子结业证书，作为学习者完成课程的认证。

值得一提的是，慕课课程的作业评价也有和传统线下课堂完全不同的方式——同伴互评。关于同伴互评的作业评价方式，很多人质疑它的公平合理性，认为做出课业评价更需要以教师的专业素养为基础，而随机分派到学习者手中进行作业评价，很难保证评价的有效性；同时，与传统课堂中的学生互评不同，慕课的学习者要面对的是数目更为巨大、学习背景各不相同的学习者群体，学习者各自完成作业以及进行评测的动机也不甚相同，且对于教师而言，评测的过程缺乏监控与调解……种种争议一直没有停歇。

布希（Bushee）教授认为同伴互评有一定的使用原则，比如，即使同伴互评的结果往往看起来更可信一些，但它并不能完全取代学习者自评。因此，要把同伴互评与学习者自评结合起来。进行同伴互评前要做好相关标准的确定工作，让参与评价的学习者按照一定的标准进行评价，并最好做一些相关的训练，以提高评价的可信度。同时，一份作业要经过3~5位学习者共同评价，并去除最高、最低分等不稳定因素，取平均值。在评分过程中，要把软件测评与同伴互评的结果结合起来，最大限度地保证成绩的合理性和有效性。

布希（Bushee）教授的同伴互评虽然是教师团队人手不足、为解决庞大学习者成绩测评做出的不得已的对策，但对于学习者而言，同伴互评的过程其实也是一种积极的学习经验。在评价其他学习者的作业的同时，了解他们对同一问题的思路与想法，再比照自己的作业思路，并且对他人的作业做出公正的判断，正好是检验自己的知识积累并对比反思的过程。

在慕课平台建设中，有一些慕课平台会定期挂出几门可以提供合作院校学分的课程供学习者参加。一般而言，学习者在注册时需要缴纳一定的费用，考试结束后能够获得选修课程相对应的院校的学分，这有助于其完成该校学分，获得相应的学历。

目前来看，这项服务中学习者要参加的考试也比普通的只提供结课证书的慕课更为严格。比如，答题过程中参与者要打开摄像头，将自己的身份证件和面部信息进行对照；考试中心也会运用一定的测量工具，检查考试者的行文习惯是否和之前的数据相同等。这种课程相比其他数目庞大的普通慕课课程的数量要少一些，但它却是慕课在满足不同学习者个性化、打破高校学分壁垒、加速线上学位授予进程等方面的极大进步。

很多人质疑这种学分授予是否会造成廉价学历泛滥的后果。虽然目前来看，关于高校的线上学分授予乃至学历授予，以及进一步的学校间的学分互认合作项目的发展还不是很成熟，但是，互联网的存在就是能将过去不敢想的无关事物连接在一起，缔造一个整体的传奇。学习者对更多的优质学习资源以及获得学历认证的潜在需求，势必会推动慕课在学分课程问题上走得更远。

※ 三、慕课背景下的大学英语教学模式

（一）慕课背景下翻转课堂的特点

慕课与翻转课堂都是互联网在教育领域的发展成果——两种不同的教学模式。虽然它们是两种不同形式的教学模式，但可以融会贯通，互通有无，彼此借鉴和改进，这样可以有效提高教学效果。翻转课堂受慕课影响，可以创新教学模式，从而有效促进师生互动、提高学生学习效率、培养学生自主学习能力等。通过翻转课堂的创新，资源共享得以实现。在慕课背景下的翻转课堂，主要特点有以下几点：

1. 资源共享

在慕课网的首页写着这么一句话："你有一个苹果分给别人一半，你还有一半；你有一门知识，教会别人，你和别人都拥有一门知识。"这句话充分体现了慕课的资源共享理念。慕课下的翻转课堂的资源共享特点对教师和学生都有作用。对于教师而言，慕课以互联网为载体，收集海量的教学资源，这些资源可以为教师提供充足的备课资料，可以提高教学质量；对于学生而言，慕课有丰富的学习资源，学生在课堂之外，可利用慕课下的翻转课堂点击浏览其他学校的学习资源。慕课最大限度地使教学、学习资源得到共享。慕课俨然成为一本教学与学习的"教科书"。

2. 合理分配时间

在传统的教学模式中，由于受到时间和空间的限制，很多教师在教学过程中都注重对知识的讲解。特别是对那些重点字词、句子、段落、文章主旨等的讲解。这些讲解往往会花费掉整节课的一大半时间，使得对于能拓展学生知识的一些阅读背景、文本赏析以及一些拓展性、发散思维的练习不能及时跟上。而慕课下的翻转课堂则不用受到时间和空间的限制，学生可自由分配时间。即使在课堂上没能掌握一些拓展知识，也可在课下自己调配时间进行学习。

3. 个性化教育

个性化教育是现代教育的主题。不同的学生对于知识的掌握、学习习惯、学习能力等都有所不同。慕课下的翻转课堂可根据不同学生的情况设置不同的学习模式、练习模式等。学生可结合自身情况，选择适合自己的学习模式。学生成为学习的主角，不论水平高的还是水平低的学生，都可以在翻转课堂里找到适合自己的学习模式，从而控制学习时间，保证学习效率。翻转课堂的个性化教育，符合现代教育的要求，也是未来教育的趋势。

4. 加强学生自主学习意识

传统的教学模式是教师讲授，学生被动接受知识。而慕课与翻转课堂的结合，可打破传统教学模式的限制，还原学生学习主体的地位，加强学生自主学习的意识。通过翻转课堂，一方面学生可自主选择自己感兴趣的学习内容，另一方面可自由规划自己的学习进度和学习方法。学生的学习大部分由自己自主完成。久而久之，学生的自主学习意识和能力就能大大地提高。

（二）基于慕课的翻转课堂在大学英语阅读教学中的应用

应用翻转课堂的教学设计必须以大学英语阅读教学要求和大纲为前提。教师要根据每个单元的教学内容来设计翻转课堂的教学视频、PPT 等。在教学环节设计中，可根据教学内容设置以下三个模块。

1. 课前输入模块

课前输入模块可以说是直接关系到教学质量的重要模块。在这个模块中，教师需要把教学的内容进行整理、输入。例如，在教学 *A Country of Immigrants* 这篇文章时，教师可分为背景知识介绍、文本赏析、词汇讲解、课后练习、能力提升五大板块进行设计。教师可在网上收集与阅读材料相关的影视作品、图片、音频等，整理上传，把学生带入特定的学习情境中。词汇讲解时可自行录制讲解视频或查找其他教师与之相关的视频，再结合自身的讲解一起呈现给学生。课后练习板块则可以利用 PPT，把练习题目与答案详解准备好，让学生在练习后对照自己的答案，根据答案详解找出自己错误的原因并加以改正。对于能力提升部分，教师可让学生根据所学内容编写对话，或用英语谈谈对 *A Country of Immigrants* 学习的看法。这样，有了完整的输入板块，可为输出板块奠定基础，做好相应的教学服务。

2. 课中输出板块

课中输出板块包括两大方面的内容：一是对课前布置任务的检查，二是学生的实践情况。针对不同的课前任务，教师的检查方法也可以各异。例如，可采取抽问、讨论、复述、情境对话、补全课文等方式来检查学生的课前任务完成情况。输出板块对学生知识的学习、巩固具有重要的作用。在知识输出时，凡是学生不理解的内容，教师都可及时补充讲解，以加深学生对教学内容的理解。最后，通过学生的实践来检验翻转课堂的教学质量和学生的学习情况。学生实践部分可设置不同的形式，如根据教学内容写独白、情境对话、编写故事或续写故事等。学生通过实际的训练，一方面可了解自身对知识的掌握情况，另一方面可以增强知识的运用能力。

3. 课后反馈板块

课后反馈板块是控制教学质量的重要板块，课后反馈有评价和强化两大部分。首先，学生对自己的课堂表现做出评价，教师也需对学生的表现作出评价。其次，针对课堂学习过程中学生暴露出来的问题进行指导和解决，避免同样的问题再次发生。通过课后评价与强化，逐步提高学生的学习能力，完成教学目标。

（三）慕课背景下大学英语教育优化措施

首先，注重参与性。在慕课背景下，大学英语教育发生了很大的转变，教学质量也得到了有效的提升，不过总的来说，其中依旧存在一些不足之处，需要进一步补充与完善。从本质层面上来说，补充与完善的过程其实就是构建参与性策略的内涵所在。尤其是在"互联网＋"教育实践中，如果合理融入慕课，那必定能起到事半功倍的效果，而怎样才能有效融入便是我们必须深思的问题。随着互联网时代的到来，大学英语教学将传统以教师为中心的英语课堂转变为以学生为中心的课堂，教师从之前的知识灌输转变为学生英语学习中的合作者与引导者，学生在教师的合理引导下，自主应用"互联网＋"信息环境中的资源进行英语学习。就这一方面来说，慕课参与的内容、方式等都表现出全新的变化。所以我们在慕课的实际应用中，便需要结合具体情况，合理地进行慕课资源的构建。而在慕课应用反思中，则需要积极拓展其应用范围。只有这样，才能将慕课的作用更加充分地发挥出来，为大学英语教育发展提供助力。

其次，强化学生英语思维能力的锻炼。要提高学生的英语学习效果并推动高校英语教学的不断发展，就需要强化学生的英语学习思维，激发潜在的英语学习动力，改变以往机械化的英语听、说、读、写训练。高校英语教师在进行慕课平台的教学时，要将英语教学内容和慕课平台的资源内容进行有效整合，在上课之前教师要通过慕课平台发布学生需要思考的问题与注意的事项，在上课时教师可以根据课前布置的思考问题进行提问，并让学生详细说明解决该问题的常规思路与创新思路，然后教师再进行点评和讲述。这样的教与学的过程可以充分调动学生的独立思考意识和主动探究的意识，强化学生对待英语问题的思考能力，锻炼学生的思维拓展能力，提高大学生自主探究解决实际问题的能力，为大学生的英语学习打开新的思路。英语教师综合运用慕课授课平台，可以通过慕课资源中的各种视频课程进行有效提问，组织学生自行分组讨论，分享自己的学习心得和体会，增加学生思考问题的时间，提供学生与学生之间相互交流学习的平台，让学生在互助自学中体会到英语思维之于高校英语学习的重要意义，并逐步培养学生运用思维能力进行英语学习的良好习惯，在真正意义上锻炼与强化学生的思维。

最后，借助慕课教育丰富教学手段。翻转课堂是在慕课教学平台常用的教学手段，其核心诉求是邀请学生作为教学主体，从而使学生更为有效地参与课堂教学中。例如，英语教师可利用慕课提升学生的预习质量，在这种教学模式下，多数学生将掌握教学重点。在课堂中，教师可轮流邀请学生，对本次课程的关键知识点进行讲解。其中，每名学生仅讲解一项知识点，而台下的学生可对其进行补充。借助这样的教学手段，学生的参与意愿将得到提升，对于英语知识学习的主动性将大大提高，教师可将调整课程进度作为重点工作。

另外，小组教学法，是依据学生的兴趣爱好及学习禀赋，把学生分为若干小组，并通过小组活动，使学生更为有效地参与课堂教学中。例如，教师可将本次教学的关键知识点展示在课堂视频中，学生通过预习可基本了解相关内容。之后，教师应为学生确定讨论题目，并以小组为单位完成相关讨论。通过这样的设计，学生练习口语的机会将大大增多，教师仅需为各小组点拨关键问题即可。

第二节　互联网与大学英语教学

※ 一、网络环境下的大学英语教学模式

（一）大学英语网络教学模式的构成要素

1. 教学理论

英语网络教学中最主要的理论依据是建构主义理论，建构主义注重以信念、原有经验、心理结构为基础来建构知识。建构主义理论指导下的英语网络教学强调教师是指导和帮助学生学习的引导者和辅助者，不再是知识的灌输者；学生是自身认知结构的构建者，不再是被动的接受者。这些构成了英语网络教学模式赖以形成的思想基础。

2. 教学目标

教学目标是指在英语网络教学中，教学活动所要开展的方向以及预期要达到的效果。教学目标决定了网络教学模式的构建以及发展方向。例如，以提高学生词汇及语法能力为教学目标的课程应选用网络自主学习模式，以提高学生语言应用能力为教学目标的课程应选用网络任务合作模式。

3. 技术环境

技术环境主要包括局域网、互联网、校园网、广域网以及计算机设备等，为英语网络教学提供一定的物质条件。网络教学模式的技术环境主要受设备自身的性能、信息传输条件等的制约。

4. 教学策略

教学策略是指在英语网络教学中所开展的过程与方法的总和，教学策略的选择和使用涉及教学模式的有序运作。教学策略的不同，也会对教学模式的操作产生一定的影响。

5. 人—机角色关系

人—机角色关系中的"人"是指教与学的对象，即教育者和学习者，"机"是指计算机网络设备。英语网络教学中的人—机角色关系主要包括两个方面：一是指教师与学生之间的关系，二是指教师、学生与计算机网络设备之间的关系。在英语网络教学模式中，不同的师生关系与计算机网络设备终端形成的相互作用关系相互交融，共同构建了特定的英语网络教学模式。

（二）大学英语网络教学模式的特征

教学模式是在总结教学活动经验的基础上，对教学活动方式的抽象概括。教学模式以及教学活动的结构一般较为稳定，但并不是一成不变的，而是一个不断完善的、开放的动态系统。教学模式是对教学的时间和空间关系的系统概括：在时间上表现为操作的过程和顺序，在空间上表现为多要素的相互作用方式。

网络教学模式在涵盖教学模式普遍特征的基础上，增加了网络信息技术应用的特征。正是由于计算机网络信息技术在教学模式上的应用，传统教学模式发生了许多本质上的变化。例如，在传统教学模式中，教师是教学的中心，而教师的教学水平被看作教学效果的直接决定因素。而网络教学模式强调的是课堂教学和自主学习的结合，通过网络技术为学生提供集视频、音频、图画、文字于一体的学习资料，使教学变得更具趣味性，更能激发学生的学习兴趣；同时，将学生的自主学习与教师的教学有机地融合在一起，也促使教师改变传统的教学进程，发挥网络信息技术的优势，最终实现良好的教学效果。我们可以将英语网络教学模式的特征归纳为"个性化""自主学习化"和"超文本化"。具体表述如下：个性化可以从教师和学生两个角度出发，从教师方面来看，网络技术的应用为教师进行个性化的创造性教学提供了技术上的支持；从学生方面来看，网络为学生提供了大量的学习资源，学生可以按照自身的兴趣或具体的学习情况有目的地、自主地安排学习。自主学习化是指学生以计算机网络技术为媒介，自主安排学习计划、制定学习目标、选择学习内容、评估学习成果的学习活动。超文本化，属于计算机用语，在计算机领域是指一种软件系统，用户可以借助该系统实现文件或文本之间的快速移动。英语网络教学中的超文本化是指多媒体、超媒体、网络学习。

（三）大学英语网络教学的主要模式

1. 网络自主学习模式

网络自主学习模式注重个性化教学和自主学习。学生是整个教学的中心，教师只是起到辅助教学的作用。

2. 网络自主探究模式

网络自主探究模式的要素是：学生＋任务＋参考资料＋教师。这一模式一般不是用于教授学生词汇、语法等方面的语言基础知识，而是主要用于培养学生的语言应用能力。

在网络自主探究模式中，教师会给学生布置语言任务，如阅读某一文学作品后写感想，或译某段指定文本，或观看某一英语原版影片后写影评等。教师会提前给学生提供一些必要的指引，如上传一些相应的辅助资料，或是提供一些可参考的图书列表等。在学生完成任务的过程中，教师还会及时地通过邮件、论坛等网络交流工具与学生进行交流，对学生提出的问题予以解答。可以说，学生在模拟完成一个真实的语言任务的过程中，通过教师的不断指导，加之自身不断地改正与探索，最终达到熟练掌握语言技巧的目的。

3. 网络任务合作模式

网络任务合作模式的构成要素是：学习小组＋任务＋参考资料＋教师。这一模式主要是通过学生组建学习小组，利用网络资源，完成教师指定的较为复杂的语言任务，从而增强学生的团队合作意识以及提高学生的综合语言运用能力。这里的任务通常是与学生的社会生活或者工作有关的，如策划一次集体活动或者研究大学生就业形势等。

在任务合作模式中，教师的作用比较重要。首先，教师要按照学生的语言及综合能力水平等对学生进行分组，并提供必要的资源索引。在学生完成任务的过程中，教师要及时对其出现的问题予以指正，协调小组合作时可能出现的成员矛盾，从整体上把控学生完成任务的进度，并在任务完成后开展评估工作。学生的任务主要是进行小组内部任务分工，定期进行阶段性评估，最后总结发言并提交作品。

在整个过程中，学生应尽量使用英语完成。如，使用英语进行沟通，选用英语的参考资料，用英语总结发言，最后提交的作品用英语书写等。这种教学模式是通过构建一个虚拟的任务情境，让学生在完成任务的过程中得到语言综合应用能力的提高，同时也培养学生的团队合作能力。

4. 网络综合教学模式

在实际英语网络教学中，单一的教学模式往往不能满足不同教学目标的需要，通常要将上述几种教学模式根据具体情况综合使用，这就是我们所说的综合教学模式。例如，在网上开设大学英语泛读课程，教师要求学生在课前根据某一单元内容制作网络课件并展示。当学生展示完课件后，教师组织学生阅读课文，并进行网上课后的填空、选择、判断等练习。最后，要求学生翻译其中的某段课文或是写一篇读后感。这样一堂课程涉及自主接受模式、自主探究模式以及集体传递模式。

※ 二、网络环境下大学英语教学模式的优势

（一）有利于提供大量的学习资源

网络可以给学生提供大量的学习资源，并且这些资源的更新速度很快，因此，具有时效性，其实用价值也相对较高。对于大学英语教学而言，英语教学十分注重学生所学语言的地道、真实、实用。与传统教学相比，网络教学具有非常显著的优势。另外，英语教学非常注重培养学生的语言技能与积累相关的文化知识。由于传统的教科书的文化知识内容受版面的限制，常常很难满足学生对文化知识积累的需求，而快速、涉及范围广泛的网络可以不断地为学生提供全方面的文化知识，从而有效地提高学生自身的文化素养。例如，学生在学习语言学时，可以借助网络来扩充与语言学相关的理论知识；学生在学习英美文学时，可以借助网络来了解文学作品的相关背景等。

（二）有利于培养学生的听说能力

网络教学具有开放性和灵活性的特点，学生不需要太多的英语学习材料，只要有一台电脑，就可以随时随地地利用教学资源进行学习。传统的教学资料仅仅是文本与图片的结合，是静态的；而网络教学资料集文本、图片、音频、视频等多种媒体于一体，给学生的学习带来了美妙的视听享受。丰富的语言学习材料、生动有趣的动感信息增添了学习的趣味性。除此之外，英语网络教学还给学生提供了一个线上交流的平台，通过网络，学生可以和其他英语爱好者一起交流学习。这就是英语网络教学所具有的视听优势。英语学科主要培养学生的听、说、读、写能力，而网络教学所提供的正是视听方面的教材。因此，相比其他学科，英语学科使用网络教学更能体现其优越性，也为学生个性的发展提供了更广阔的空间。

网络英语教学给学生提供了真实的英语交际环境，学生可以通过人—机交流不断地锻炼自身的英语交际能力。综上所述，网络教学所提供的视听资源、网络线上交流平台提供的真实的英语交际环境有利于培养和提高学生的听说能力。

（三）有利于提供新的师生交流平台

网络教学能够扩宽师生的课下交流平台。学生可以通过论坛给教师或同学留言，也可以通过发帖的形式提出问题或回答他人的问题；教师可以通过平台的通知板块为学生提供学习建议，提出学习目标或是发布近期作业。此外，在大学英语教学中，教师可以通过网络教学中的电子邮件的方式来加强师生之间的课下交流与沟通。可以说，网络不仅使师生之间的沟通更为方便、快捷，还促进了教师与学生之间的交流。

（四）有利于培养学生的自主学习能力

传统的英语教学主要是以教师为中心，采用的是灌输式的教学模式，主要以教师的讲解为主，学生只是被动地接受教师所传授的知识，学生的参与度很低。长此以往，教师的语言表达技能得到了充分的锻炼，却逐步削减了学生的自主性以及积极性。

在网络教学中，网络平台的使用合理地解决了这一问题。在网络教学中，学生可以通过操控网络学习平台，不受时间和空间的限制进行自主式的学习，自主选择课程，自主安排学习进度，并通过人—机交流的方式进行语言练习，从而实现真正意义上的个性化学习。学生学习语言知识不再仅仅依靠教材和教师，而是通过网络自主学习，在构建自己的知识体系的过程中逐步地提高自身的综合语言运用水平。

第三节 新媒体与大学英语教学

※ 一、新媒体技术给大学英语教学带来的益处

（一）有利于创设良好的英语交际环境

新媒体辅助英语教学为我们提供了克服传统教学弊端的全新的教学方式，使抽象的、枯燥的学习内容转化成形象的、有趣的、可视的、可听的动感内容，成为大学英语教学的发展趋势。这样，不但增强了学生学习英语的兴趣，而且在学习一些内容比较抽象的课文时，还可以为学生提供直观形象的场景，便于学生理解、记忆，矫正发音错误。大学英语课堂教学的目的，主要是让学生在课堂上多进行交际。交际可以是书面的，亦可以是口头的。优质高效的课堂交际活动可激发学习者的学习动机，让学习者有机会练习整体表达能力，有利于学习者自然习得语言。而要做到这一点，就要求教师营造良好的交际环境。离开情境谈交际活动是不现实的。课堂交际活动将课堂变成了一个"小社会"，这样的语言训练更富有灵活性和挑战性。利用新媒体技术的强大功能，学生不仅可以和新媒体电脑设置的虚拟人物对话，还能改正自身的错误。

（二）有利于拓展学生的思维空间

在利用新媒体技术创设良好的英语交际环境时，通过语言、图像和声音同时作用于学生的多种感官，让他们左右脑并用，产生一种"身临其境"的感觉。在教师的引导下，学生得以进行大容量的仿真交际。在学生不断交际的过程中，其直接用英语思维的能力经常得到锻炼，因而能更有效地提高其运用英语的能力。新媒体技术可以创设生动逼真的教学场景，从而大大地调动学生的学习积极性，激发学生的求知潜能和欲望。学习英语，必须了解一些关于英语国家的生活环境以及文化背景。而新媒体技术则可以为学习者创造这样一个环境，让学生了解英语国家人民的生活方式、文化背景以及语言表达习惯等，融身心于英语活动之中，增强学生的学习兴趣并调动学生的观察力和想象力。

（三）有利于大幅度提高课堂教学效率

现代新媒体技术在大学英语教学中丰富了教学内容，更新了教学手段，改变了教学环境。利用计算机本身对文字、图形、动画、声音等信息的处理能力，弥补了传统英语教学模式在直观感、立体感、动态感等方面的不足，也使学习者能更主动、积极、准确地理解语言和它所表达的思想意义。采用新媒体技术可以促进课堂教学模式、训练和测试模式的更新，让个性化教学成为现实。运用新媒体辅助英语教学，可以大大提高英语课堂教学质量，使课堂教学内容更加充实，引导学生主动学习；新媒体辅助英语教学新颖活泼的形式

更能激发学生学习英语的兴趣和热情，从而形成一个良性循环的学习过程。新媒体辅助英语教学有利于贮存大量的信息，我们更能多创设情境，发挥学生的主体作用，营造一种轻松、愉快、和谐的课堂气氛，提高教学质量和效果。

（四）有助于构筑新型的师生关系

在教学过程中，教师与学生处于平等、友好的地位，教师是课堂活动的设计者和管理者、学生实践活动的鼓励者和合作者、学生问题的分析者和解答者、学生学习的引路人。运用新媒体技术的教学活动中，新媒体呈现的教学材料让学生产生一种"身临其境"的感觉。教师可以充分利用新媒体技术提供的知识、情境、会话等学习内容，有效调动学生的学习积极性、主动性和创新精神，构筑他们自己的知识库。学生可以在教师的指导下，根据自身实际选择适合自己水平的学习内容以及学习方式来强化自身英语语言知识与技能的学习。

（五）有利于教师自身素质的提高

运用新媒体教学，既为英语教师进一步提高教学质量提供了物质保证，又对教师自身的素质及知识的储备提出了挑战。新媒体技术的应用促使英语教师改变传统的"以教师为中心"的教学模式。新媒体技术的应用还促使大学英语教师积极学习、研究新媒体技术对英语教学的各种影响，积极探索、研究新媒体技术，并根据自身和学习对象的实际情况，不断学习、应用新技术，利用新媒体技术开发、研制出更多适应学生学习需要、能提高学生英语语言能力和应用能力的课件。教师应主动适应现代社会的发展，紧跟时代步伐，不断更新教育观念和教学方法，促进学生自主化和个性化的发展。如果教师不会运用新媒体进行英语教学，势必会影响英语教学的效果。教师在自己的业务进修中，新媒体技术应是一门必修课。

※ 二、新媒体技术促进大学英语教学的变革

（一）进行个性化教学：因材施教

个性化教学以学生的个性差异为依据，运用个性化的教学方法、策略和技术，促使每个学生都能找到适合自己的个性才能发挥的领域，促进学生个性的发展，突出学生的个性价值，提升学生的整体素质。在新媒体广泛使用的今天，很多学生都运用不同的新媒体进行学习、生活，可以通过独一无二的自我观点将自己感兴趣的内容用图片、文字、视频、网络语言等各种表现手法聚合到一起，充分表达自我，分享自己的感受；教师可以通过新媒体认识到生活中的学生特点，了解每个人的个性、兴趣、爱好和特长，突破课堂的有限交流，与学生以平等的姿态对话沟通，得以加深对学生知识掌握程度和学习习惯的直观认识，从而有助于依据学生的个性因材施教。

（二）扩展教学新时空：移动学习

移动教学系统是利用手机、掌上电脑、平板电脑等新媒体，有机结合移动通信、网络技术与教育，将教师、学生和英语学习资源联合起来的一种新型教学系统。移动学习是利用无线移动通信网络技术以及无线移动通信设备获取教育信息、教育资源和教育服务的一种新型学习形式，强调学习的主动性、开放性，学习形式的多样性，具有明显的个性化、个体化特征。

（三）提升学习主动性：参与式学习

在新媒体传播环境中，以数字技术为基础的新媒体传播模式发生改变，传播者和受众的边界逐渐消解，建立起一种平等的互动关系，受众既可以是信息的接收者，也可以是信息的创造者和传播者，受众的主动性、积极性空前高涨。新媒体环境下传播模式呈现多样化的特点，既可以点对面，也可以点对点、多点对多点进行传播。

参与式学习可以调动学生学习的主动性、积极性，培养学生的创新精神和实践能力。它是一种新媒体环境下新的教学方法，坚持以参与者为中心，充分利用参与者的知识经验获得新知识，师生之间是平等的，既强调学生独立思考，又引导其参与交流。同时，新媒体的隐蔽性、公开性特点，使每一个学生都有平等交流的机会，学生的话语权在数字媒体的支持下延展，教师可设置主题和关键词进行分组讨论，学生利用微博平台或手机媒体对同一个问题各抒己见，发表看法，各种观点平等地呈现在平台上，交流碰撞，激发更多的思想火花，形成教师主导、学生主体共同建构知识内容的参与式教学。

（四）培养团队合作精神：跨时空协作学习

在新媒体的传播环境中，传统大众媒体与受众之间单向的传播模式转化为双向传播，教师和学生、学生与学生、教师与教师之间通过新媒体传播技术，建立起跨时空的协作学习小组，针对同一个学习主题相互讨论、交流与合作，达到对学习或知识内容更深刻的理解和把握。通过新媒体，协作学习的范围实现了时空突破，而协作的方式更加灵活多样，促进了学生合作精神的培养。

（五）加强学习导航：检索式学习

新媒体时代，各种各样的信息铺天盖地袭来，面对这些具有海量、超链接特点的网络信息，学生往往应接不暇，只能快速地阅读、浏览，无法对个别问题进行深度思考。检索式学习是通过现代的信息、查询方式来获取文献、信息和知识，从而提高自己的学习能力和知识储备的学习模式。面对浩瀚的信息海洋，检索式学习方法可以有效利用信息高速公路的便利和海量的资源。首先，应确定目标，不断分析，避免陷入大量无用信息中白白浪费精力；其次，学生应掌握文献检索的各种技巧和方法，在知识检索的过程中不断发现新问题，正确地使用新媒体，使之真正为我所用，而不是受其控制。

（六）应对教育国际化：跨文化教学

如果要有效地应对教育国际化的趋势，取得预期效果，教师就应具有较好的文化教学能力，对于与本民族文化的差异或冲突的现象、风俗、习惯等有充分正确的认识，并在此基础上以包容的态度予以尊重与理解。在这样的背景下，教师应积极培养跨文化交流的意识，学习跨文化交流的技巧，了解新媒体的特点与信息传播方式，借助新媒体进行跨文化信息传播。来自各个国家的教师与学生在新媒体平台上以平等的姿态相互学习各自不同的文化，交流彼此的看法，促进不同文化和观点之间的交流与融合，扩大跨文化教学效果的层面。当前，以新媒体为代表的新媒体技术改变了人们接触信息的方式，改变了人们的思维方式和行为习惯，对教师的传统教学模式也产生了很大的影响。在新的教育传播环境中，教师、学生、媒体、教学模式都有了新发展，促进信息时代的教学设计的有效运用，改革人才的培养模式，充分发挥各种媒体特别是新媒体的优势，确定教学目标，设计教学策略，制定学习评价指标，改变以教师为中心、课堂为中心和书本为中心的局面，利用各种媒介形态和技术手段加强自主学习、微型学习、协作学习等主动学习方式，重视参与性学习、个性化学习、协作学习等理念和方法的应用，加强交流，及时评价，有效调动学生的积极性，引发学生积极思考。学校应建立健全保障制度，与时俱进地创新教育理念，助力师生在新的教育传播环境中获得更加优质丰富的教学资源，加大信息技术支持教学应用研究的力度，倡导教师和学生不断探索多元化的英语教学和学习方式，利用信息技术辅助知识建构，推动创新型人才培养模式改革。

※ 三、新媒体技术环境下大学英语教学的发展走向

第一，树立以人为本的新型教育理念。在时代以及素质教育飞速发展的背景下，新课改要求树立以人为本的教育理念，尤其是在新媒体技术环境下，更新教育观念是大势所趋。我们要充分认识到，教育技术是中国教育改革和发展的制高点，新媒体技术逐渐渗透到各个学科，促进了教学手段的不断完善和更新。为了顺应新环境下大学英语教学的发展要求，我们就要对教育教学理念和手段进行创新，借助于推广大学英语教学技术的基本理论、信息化的教学手段、现代化的教学设备以及新媒体教育信息采集技术等途径，不断地完善教学过程和教学环节，为获得事半功倍的教学成效做好强而有力的铺垫。

第二，新媒体技术是一把双刃剑，因此，在运用新媒体技术更新教育理念和教学手段时，要充分结合教学实际以及学生的个性特征，发扬传统教学模式的优势，结合新媒体技术的作用，让教学的成效能够发挥到极致。与此同时，新媒体技术的运用，需要高素质的师资队伍作为保障，这就需要教师必须具有热爱教育事业、热爱学生、爱岗敬业，为教育事业奉献终身的精神，还要不断地开拓进取，在顺应大学英语教学要求的前提下，不断地总结实践经验和汲取精华，拓展和夯实自己的理论基础和实际教学技能，包括更新教学手段、完善教学内容、提高自我素质等，为以人为本的教育理念的更新做好铺垫。

第三，创新对学生的培养模式。不管是从时代发展的层面还是新课改的改革层面来看，传统意义上的单调、枯燥的教学培养模式显然不能满足新形势的要求，只有不断地改革和创新教育教学模式，才能顺应时代发展的潮流。在新媒体环境下，我们要注重从以下几方面去创新对学生的培养模式：首先，学生是信息加工的主体，是意识的主动建构者，因此，要合理运用新媒体技术，尽可能地在最大限度上将学生的主体地位凸显出来，不断地培养学生学习的主动性、积极性和热情；其次，新媒体技术能够创设出生动有趣、逼真多彩的教学情境，可以充分运用这一点，调动学生的感官以及学生参与课堂教学中的兴趣，在引起学生共鸣的基础上，使其实现从感性认识到理性认识的升华，不断地开阔视野和扩大知识面；再次，众所周知，生活即教学，应当在新媒体技术的推动下，尝试着将课堂"搬出"教室，诸如通过组织学生参加拓展训练活动、社会调查、市场调研等形式，积极地开辟校外市场，让学生接触到更多的知识，更能把握现代社会的发展节奏，为步入社会打下坚实而有力的基础；最后，创新学生的培养模式，意味着教育工作者要随时能够把握时代和素质教育发展的脉搏，要求教育工作者不断地审时度势，加强与各行业的沟通和交流，为教育理念的更新以及教学资源的补充提供更大的活力，在潜移默化中促进自身的成长，做学生的良师益友，改善新媒体技术在教学运用中的单一性。从一定意义上说，新媒体的出现为教育教学提供了不可替代的重要活力，促进了大学英语教学迈向更高的台阶，但不可忽视的问题是，虽然新媒体技术能够将教学内容更加生动、形象地展示给学生，在一定程度上吸引了学生的注意和关注，但凡事都有两面性，新媒体技术并不是万能的，它只是将其他媒体的优势加以综合，但并不一定能够将其他媒体所具有的优势全部发挥出来。这就要求我们在大学英语教学中，结合教学实际以及学生的学习情况，合理地搭配、设计应用新媒体，尽可能更全面、全方位地将所要教授的内容充分展示在学生面前，让学生在第一时间就能够汲取到所要吸收的知识营养，使得教学成效能够在最大限度上得以发挥。教师还要不断地学习新媒体技术的运用和整合技能，在遵循实际的前提下与其他媒体相结合，改变新媒体技术的单一性，在取其精华、去其糟粕的基础上为教学质量的提高提供助力。

随着时代的发展，社会的进步对人才的需求日益显著，培养高素质的人才成为英语教学的重要目标。要想实现教育现代化，新媒体技术的优势不可或缺，我们在改革和完善大学英语教学的进程中，要合理地权衡新媒体技术的利弊，在英语教学中充分发挥新媒体技术的魅力，新媒体技术在大学英语教学的应用中也会不断地更新、完善，为社会的发展服务。

参考文献

[1] 白阳明. 高校英语翻译教学模式的改革和创新路径探索：评《高校英语教学模式创新与发展研究》[J]. 科技管理研究，2022，42（19）：256.

[2] 高维婷. 信息化时代高职院校英语教学模式的创新路径：评《信息化背景下的大学英语教学改革》[J]. 中国科技论文，2022，17（10）：1191.

[3] 郭忠壮. 高校英语专业英美文学教学模式创新探索：评《高校英语专业英美文学教学改革策略研究》[J]. 科技管理研究，2022，42（15）：264.

[4] 龚爽. 新时代慕课背景下的高职英语教学改革探究 [J]. 经济师，2021（10）：198-199.

[5] 李青. 互联网时代高职院校英语教学创新研究 [J]. 中国新通信，2022，24（21）：203-205.

[6] 李向群，余学军，黄涵，等. 高校教学创新背景下师范专业课程 RLDAD 创新模式研究：以英语教学论课程为例 [J]. 贵州师范学院学报，2022，38（10）：35-41.

[7] 刘丽娟. "三教"改革背景下高职英语互动式教学模式创新分析 [J]. 快乐阅读，2022（5）：109-111.

[8] 任艳芳，曹红. 基于认知语言学的高校英语教学模式创新 [J]. 佳木斯大学社会科学学报，2022，40（1）：218-220.

[9] 舒丹. 民办高校大学英语线上线下混合式教学模式改革创新研究：以四川工商学院为例 [J]. 科技资讯，2022，20（18）：215-218.

[10] 拓欣，梁润生. 大学英语多元化教学模式改革与实践：以延安大学西安创新学院为例 [J]. 教育信息化论坛，2021（11）：63-64.

[11] 戚迪. 大数据视域下高校英语教学模式的研究 [J]. 海外英语，2022（23）：132-134.

[12] 文彦. ESP 教学模式下大学英语分级教学改革创新研究 [J]. 湖北开放职业学院学报，2022，35（20）：14-15+18.

[13] 王海啸，王文宇. 创新创优 共建共享："项目式大学英语教学模式改革虚拟教研室"建设路径探索 [J]. 外语界，2022（4）：8-15.

[14] 王素雅，孙川，赵洁. 融合信息技术 创新教学模式：评《信息化背景下的大学英语教学改革》[J]. 山西财经大学学报，2022，44（8）：128.

[15] 王洪宁，陈佳. 基于 OBE 理念的大学英语教学模式改革与创新：评《大学英语教学模式改革与发展研究》[J]. 热带作物学报，2021，42（12）：37-51.

[16] 万丽，汪剑. 多模态，多视角，多元化：高职英语专业"金课"课堂运作模式创新研究 [J]. 中国多媒体与网络教学学报（中旬刊），2021（10）：28-30.

[17] 王晓利，达布希拉图. 国家标准指导下英语专业课程教学模式创新与改革研究：评《高校英语课程改革与发展研究》[J]. 高教探索，2018（4）：134.

[18] 张丽影，董红芸. 校企合作背景下的大学英语教学模式改革与创新研究 [J]. 英语广场，2022（16）：86-89.

[19] 张银成. 双创融通视域下化工专业英语教学改革创新研究：评《信息化背景下大学英语教学改革与创新思维》[J]. 塑料工业，2022，50（1）：173.

[20] 张大海. 基于对分课堂新型教学模式的大学英语教学改革创新：评《对分课堂在大学英语教学中的应用》[J]. 热带作物学报，2021，42（10）：31-11.